氷晶の人
小笠原和夫

成田 茂

郁朋社

はじめに

本書は気象研究に生涯をささげた小笠原和夫の評伝である。
一九七九年（昭和五四年）五月の山形の新聞に、「お天気博士小笠原さん逝く」と、一人の科学者の死が報じられた。死の「前日まで学問の話」「県の災害対策に貢献」とある。「お天気博士」とは、山形県出身の科学者、小笠原和夫博士（一八九九〜一九七九）のことである。氏は物理学や気象学の専門家として、山形県の災害対策をはじめ、東南アジアや北アルプス等の自然の研究を行い、地域の総合開発に貢献した人であった。

小笠原は東北帝国大学で理論物理学を専攻し、卒業後に京都帝国大学で田辺元に哲学の指導を受け、物理学を中心とする科学方法論を極めた科学者である。西田幾多郎や田辺元の指導を受けた哲学者は京都学派として有名であるが、小笠原はその知的伝統のなかで、哲学者でなく科学者の道を歩んだ。京都時代の後、台北帝国大学で約一七年間教師をしていたが、その過程で物理学から気象学へと転じ、気象や水資源を中心とした自然環境に関する研究を行った。

終戦により台湾から郷里の山形に帰国すると、氏は「農村が健在である限り、日本は必ず復興する」と確信し、氏は一三年間農業指導や災害対策に取組んだ。そして一九五九年の還暦を迎える年に富山大学に復帰した。富山では北アルプスや黒部川の総合学術調査を実施し、自らも雪・水資源・古気候学について研究を行った。退官後、上京して芝浦工業大学に勤務し、学生に物理学や科学方法論の講義を行うとともに、水資源の研究を深めていった。晩年に学生のために著した『教養物理学』は、教科書の体裁をとっているが、氏の物理学を中心とする科学方法論の集大成である。氏は約百名近い物理学者を紹介し、「たえず身内がひきしまるような感動をくりかえした」と言っている。

このように、氏の生涯は明治時代の後半から日露戦争、第一次、第二次世界大戦を経て、高度経済成長期から現在に至る、激動の歴史そのままに波乱万丈であった。

私は小笠原が逝去されるまでの約一〇年間、氏のご指導を得る機会があった。立山黒部地域の積雪調査が契機となり、氏が、私の勤める調査会社の顧問になられたことがきっかけである。以来氏は、毎年のように黒部立山などの各地で会社の若手技術者を指導したのであった。

小笠原の研究は自然科学分野にとどまらない。著書『氷晶』では、主として雪国過疎地における日本民族の風土(生命の自然環境)を考察するなど、広く人文科学の領域にわたっている。晩年の氏は「生命の科学論」を見据えてもいた。物理学史としての科学方法論をはじめ、気象等の自然研究や風土文化へのアプローチなど、その扱う学問の広さ深さにおいて、氏は日本の学者列伝のなかでも際立つ存在のように私には思われる。私は小笠原が科学者としてどのように生きたのか、多くの人に知ってもらいたいと思い、本書をとりまとめた。氏の研究内容、人生観を感じとっていただけると幸いである。

(使用した衛星・空中写真の中で出典を明記していないものは国土地理院のご提供による)

氷晶の人　――小笠原和夫――／目次

氷晶の人

――小笠原和夫――

第1章　近代物理学への道

小笠原博士の育った環境

小笠原和夫は、一八九九（明治三二）年一二月六日に山形市山寺で生まれた。父が教師をしていた家庭の六人兄弟の次男である。その五年後に日露戦争が起こっているように、少年時代は各国が植民地政策にしのぎを削っていた。当時は、イギリスの最盛期で、イギリスは世界の七つの海を支配し、イングランド銀行が国際金融の元締めになっていた。アメリカはモンロー主義を唱えて歴史の表舞台に立ってはいなかった。中国の清国はイギリ

小笠原のふるさと山寺。立石寺は慈覚大師が開山した天台宗の名刹

ス、フランス、ロシアに侵略されており、四分五裂の惨状にあった。イギリスが関与したアヘンの流行は民族を奈落の底に突き落とした。上海その他に設けられた、租界の入口には「犬とシナ人入るべからず」という国辱的な標語が立てられた。西洋諸国がアジアに進出しつつある中で、外国の侵略から日本を守ったのは、明治維新に参画した勝海舟はじめ当時雲のごとく現れた先覚者たちであった。明治後期になると西洋文化の取入れも進み、大学に学ぶ学生たちも西洋の学問を吸収するために命をかけた。当時学問は出世のみちで、才能によっては如何なる顕職にもつけた時代となっていた。

日本は海軍をイギリスに、陸軍をフランスとドイツに学んだ。当時の日本にとって最も恐ろしいのはロシアで、満州朝鮮を併合するため、大兵を続々と南下させていた。日露戦争をどう見るかは人によって意見は異なるが、小笠原は「防衛の戦い」とみていた。ロシアの背後にはフランス、日本の背後にはイギリスが控えていた。いわば「代理戦争」とも見てとれる。

立石寺（巌に建つ釈迦堂）

日本国民は、日露戦争を元寇以来の国難と見て結束した。動員兵力一八万人、若者は皆徴兵に駆り出された。当時、幕末の艱難を乗り越えた人材が多くいて、特に陸海軍に集中していた。満州軍総司令官大山元師を智謀の児玉参謀長が補佐し、第一軍の乃木大将から第五軍の川村大将まで、各将軍の鉄壁の構えで、一九〇四年三月一〇日、見事な大包囲作戦でロシア陸軍は敗走した。翌年五月二八日の日本海海戦では東郷大提督がロシアの大艦隊を要撃して微塵に殲滅した。戦闘開始のZ旗とともに連合艦隊旗艦「三笠」に掲げられた信号「皇国の興廃この一戦にあり、各員一層奮励努力せよ」は、その直後に送られた戦勝報告と共に、秋山参謀が執筆した名文だとされる。戦闘前夜、月明かりの夜、朗々と吹き流した戦艦「浅間」の艦長であった八代六郎大佐は「尺八艦長」として国民から喝采された。明日の出陣を前に上杉謙信が春日山で箏を奏でた故事など、武将は文の力で令名を残している。そして戦いには「大義名分」がなければならない。人力とともに天祐《てんゆう》がなければ五分の戦いに勝てるはずはない。しかしながら「輝かしい明治の戦果のみを真似、大義名分のない昭和の侵略戦争を戦った輩は、第二次大戦で無惨にも滅び去った」と小笠原は言う。

日露戦争で負けなかったとはいえ、その犠牲は大きかった。日本の戦病死者はロシアのそれよりはるかに多い犠牲者が生じた。戦死者を出した貧農の生活は無惨なもので、戦傷の廃兵たちはアコーデオンを奏でながら、薬売りになって村々を流しまわった。農村は疲弊のどん底に落ちていた。明治政府は富国強兵を国是としていたが、富国と言っても工業発達の未熟なわが国で、富国は国民の血と脂でつくるよりほかなく、当時国家予算の半分が陸海軍の充実に使われていた。明治政府が始まって三〇年、当時の政府には軍備に必要な資金がなく、それを大部分地方地主の地租で賄わなければならなかった。外貨と言えば横浜からアメリカに輸出する生糸の代金が六〜七割というのであるから、今では信じられない状況であった。

不幸なことに、大戦前の一九〇二年から一九一三まで東北地方に毎年凶作が続き、加えて豪雨洪水が連発し、農民は非常に苦しい生活を強いられた。冷夏による凶作のため、コメの作況指数が半分程度に低下した。小笠原の家庭は幸い生活に困ることはなかったが、来る日も来る日も乞食の来訪であった。氏の母は、その人たちに米、味噌を恵んだこともあった。氏は六歳の頃に赤痢を病んで身体が弱く、人並みの身体になったのは東北大学に在学した頃からであった。

県立師範学校に入る

小笠原は、山形中学に入らず、親元を離れて全寮制の県立師範学校に入学した。それは家計の苦しさもあったが、兵隊のがれのためでもあったという。当時はそのコースが流行していたのである。そこでの四年間の生活は、軍隊生活と同様、起床から就寝までラッパの合図で行動する寄宿舎生活であった。氏はずっと特待生で通し、卒業の時には知事からスイス製の銀時計のほか数々の褒賞を受けた。氏は父から漢文の素養を受けて育ち、『日本外史』（頼山陽）や『十八史略』（曾先之《そうせんし》）は半ば暗唱できるほどであった。

『日本外史』は源平時代から徳川時代までの武家盛衰史であり、漢文体の著作であった。『十八史略』

は中国における伝説時代から南宋までの一八の正史の要約であり、明治時代に歴史読本として普及していた。物理学に必要な数学の勉強を始めるのはかなり後のことであった。「空前絶後の秀才」などと教師からも噂された。

師範学校時代で特筆されることは、氏の生涯を導いたイギリスのトーマス・ヒル・グリーンの自我実現説を、一年生の倫理の時間に小澤豊治先生より教えられたことである。それは自己が本来もっている真の自我を完全に発揮させ、自らの希望を実現させることであり、明治中期に導入されて学校の授業で普及されていた。その説は国家統制にむけてのナショナリズムや労働運動および社会主義思想に対抗する自由主義思想としての役割を担った。小澤先生は文豪高山樗牛《ちょぎゅう》と同じ鶴岡の出身で、天衣無縫かつ風変わりな人であるからこそ、氏の才能を見出した。師範学校を卒業後、氏は義務として一年間教師をし、夏に六週間現役の軍隊生活をしてその苦労を味わった。

氏は人並みの身体になったのは大学生の頃からと言っているが、師範学校時代から徐々に健脚の様相を現していた。一七歳の時に約一カ月の暑中休暇で帰省した時、友達と五日間の旅をしているが、その内二泊三日の行程は、徒歩で郷里から寒河江《さがえ》へ行き、そこから寒河江川に沿って月山《がっさん》（一九八四メートル）に登り、月山神社にお参りしてから湯殿山《ゆどのさん》神社へ下り、大綱から十王峠を越えて鶴岡に出て、日本海の加茂港に到着している。早朝から行動しての一〇〇キロメートル以上の走破である。宝珠山立石寺の晩鐘の音を聞いて育ち、師範学校での休暇でも山歩きをしており、氏は生活の中で深く自然に接していたのである。

田園生活は実に良い。人間生活の最上は田園生活にある。何となれば田園生活は罪がない。天真爛漫である。天地自然の行程と並行して矛盾といふものがない。(『暑中休暇日誌』)

このような頑健な体力があったからこそ、還暦を迎えた年齢で北アルプスの現地調査ができたのだと思われる。一七歳の暑中日誌には、「大人になってからこの風景を友として送りたい」と語っている。この時、氏は自然研究を専門とする将来の自分の姿を見ていたのかもしれない。

大正デモクラシー時代

一九一五年の第一次世界大戦に日本は、イギリス、アメリカ、フランスの連合軍に加担して、名目だけの参戦をしながら漁夫の利を占め、その上貿易上で巨利を得て、国を挙げて好景気に酔いしれた。いわゆる大正デモクラシーの時代であり、日本の工業はこの頃に芽生えた。

小笠原は東京高等師範学校の国漢か歴史を志していたが、氏の先生が東京高等工業学校（東京工業大学の前身、以下東京高工）への志願を奨めたのであった。当時好況のあおりを受けて、東京第一高等学校（東京大学教養学部の前身）に入れても、一ツ橋の東京高等商業学校（一橋大学の前身）と蔵前の東京高工には入れないとの噂が流れていた。東京高工の入試に際しては、入学を志す秀才が洪水のように押しかけていたため、田舎出の小笠原は度肝を抜かれ、試験を受けたが全く自信がなく、再起をかけて山形に戻った。しかし思いもよらず合格通知を受け取り、入学式に臨んだところ、初代学長の中村幸之助（電気工学）から、「きみは激甚極まる入学競争を優等第一等で合格したので、生徒隊長を命ずる」と言われた。生徒隊長は月桂樹をデザインした紋章をつけさせられたので誰の目からもわかった。秀才は教師たちからも一目おかれていた。授業での参考書は全て英書であった。隅田川沿いにある蔵前の東京高工は、日本の工業発展の温床であるとし、政府や民間から期待がかけられ、成績によって数々の恩賞が贈られていた。

このようにして小笠原は一九二〇年から三年間を東京高工で過した。二〇代前半の青年期に、大正デモクラシー時代を東京で過したことは幸運であった。クラブ活動は活発で、文学や芸術に、ボート、柔剣道などが盛んに行われていた。この時期、氏は島崎藤村や内村鑑三に傾倒していた。その当時の藤村は三年間のフランス滞在から帰り、滞在中の想い出『エトランゼ』を新聞に連載していた頃であった。「中背の美男で両手を胸に組んで訥々と語るスタイルが瞼に残っている」と氏は言っている。小笠原は、後の京都帝大時代に藤村文学に強い影響を受けている。

小笠原が上京した一九二〇年代は、第一次大戦が終了して数年後のことであり、民主主義思想が一世を風靡し、労働運動が活発になり始めた頃である。生活水準は今から見れば低かったが、数々の校歌に見られるように、青年たちがみな限りない夢と希望をもった時代であった。内村鑑三は無協会の福音主義に堂々の論陣をはっていた。

ちなみに東京高工は、一九二三年の関東大震災により、ゴシック建築は焼け落ち、その後大岡山に移設されて、東京工業大学へと衣替えをした。

石原純より理論物理学を学ぶ

東京高工の卒業生の大部分は就職したが、ごく一部は東北帝国大学（以下東北帝大）へ入学した。当時傍系入学を許したのはこの大学だけで、理学部の数学・物理・化学が主であった。

一九二三年に小笠原は東北帝大に入学し、物理学科理論物理を専攻した。当時の大学の教授陣は東京や京都を圧するほど充実していた。小笠原が入った物理学科の学生は一五人であり、そのうち五人が数理物理と理論物理学に分かれ、氏を含む三人が理論物理学を専攻した。基礎数学は厳しく力学と共に毎週二回の徹底的な演習があり、教授と助手が回り、誰がどれほど解いているかをそれとなく調べて成績にした。数学・物理二〇科目のうち四科目を選択し、それに合格すれば卒業できる制度であり、実験・数理・理論のそれぞれの専攻で単位一がとれるので、結局最低限三科目に合格すればよかった。

ところが、その検定試験が実に容易ではなく、朝の一〇時に始まると、図書室に行っても外出して食事をしても一切かまわなかった。それほど問題は難しく、最初の二～三時間は誰も鉛筆をとるものがなく、受験者はただ沈黙するのみ、ため息が教室を満たした。監督は一人もいない。人に相談しても、カンニングでも通れるようなものではなかった。現代の携帯電話やスマホの持込みなども問題にならなかったにちがいない。小笠原の試験に臨んだ最高記録は八時間であったが、中には二四時間粘っても結局駄目なような者もいたという。小笠原は一度の失敗もせずに二年目の秋には四科目全部を合格した。これは自由主義教育運動を進めた沢柳初代総長がつくった制度であり、生徒は確実に力がつけたといわれる。当時の私立の物理学校がこのような自由な制度であった。

当時、日本語の参考書はほとんどなく原書はドイツ語だけが採用され、小笠原らは相対性原理・輻《ふく》射《しゃ》・原子物理学を毎週三人の教授から夜まで厳しい指導を受けた。ドイツ語の原書で毎週五〇ページを進み、しかも数理解析は誰に当たるかわからない授業であった。この三年間の猛勉強により氏は非常な力をつけた。いわば寝る姿勢でもドイツ語を読めるようになっていた。

この時期に、日本における相対性理論を第一線で研究していた石原純教授の指導を受けた。石原純は一九〇六年に東京帝国大学の理論物理学科を卒業し、一九一一年に東北帝大助教授となっていた。その翌年から二年間、ヨーロッパに留学してベルリンのプランクや、チュウリッヒのアインシュタインのもとで修業した。アインシュタインは一九二二年一一月に来日し一二月まで各地で講演等を行ったが、石原はその通訳として同行した。アインシュタインは一二月三日には仙台市公会堂で講演し、東北帝大にも立寄っている。一方で石原は、二〇歳前半に子規の『歌よみに與ふる書』に感動して短歌に関心をもつようになった。物理学の最先端を歩みながら、歌人の伊藤左千夫に師事し、『アララギ』の発刊に参加していた。しかし一九二一年に石原は妻子ある身でアララギの同人である歌人原阿佐緒と恋愛事件を起こし、翌年に大学を休職、千葉県の保田《ほた》町に阿佐緒と移り住んだ。そして両者は共にアララギを離れざるをえなくなった。石原がアインシュタインに同行した時期は、その事件の直後のことであった。小笠原は当然教師であった石原の講義を学校で受けることができなくなり、自ら休暇を取って保田へ行き、石原より個人指導を受けたのであった。

ある日石原は「余裕があるなら京都に行き、田辺先生の指導をいただいたらどうか」と氏に言った。石原は田辺が東北帝大に勤務していた頃から、学問上の交流をしていたので、氏を京都帝国大学（以下京都帝大）の哲学教師であった田辺に紹介したのである。大学を休職してからの石原は、研究の第一線から離れ、相対性理論をはじめとする現代物理学や科学教育等に関する啓蒙・普及に力を注ぐようになっていった。いずれにしても氏は、相対性理論や短歌に没頭している石原の姿に、大きな刺激を受けたはずである。

田辺元より哲学を学ぶ

小笠原は東北帝大を卒業すると就職を断念し、一九二六年に京都帝大に入学した。すでに年末に結婚しており一家を構えての勉強であった。

京都帝大の哲学科は、京都学派として有名であり、田辺は主席助教授であった。氏によれば京都に三カ年半在住した間に、カントの純粋理性批判を基礎とした認識論と科学方法論を学び、もはや恐れるものはなかったという。この間、西田幾多郎よりヘーゲルの弁証法を、経済学の河上肇よりマルクスの唯物弁証法を伝授されたことは大変有益であった。小笠原はこの時学んだ弁証法について、次のようにメモで回想している。

この革命の哲学によって私は洋の東西を問わず、歴史の流れを全然疑問なしに解決することを覚えた。最も深い意味での人間の悟りといえようか。その後五〇年始終一貫、弁証法の論理で過去から現在までの社会の動きを見ている

田辺から学んだとする「科学方法論」とはどういうものだったのか。実はそこに小笠原の学問の出自がある。

田辺元は、東京帝大の哲学科を卒業後、一九一三年に東北帝大の理学部講師になり、一九年に西田幾多郎より招かれて京都帝大助教授に転じた。田辺は東北帝大時代に、わずか三〇歳のときに『最近の自然科学』（一九一五）を著し、次いで『科学概論』（一九一八）、『数理哲学研究』（一九一八）を著していた。田辺元は大学に入った時に数学科を専攻した後哲学に転向したように、数理に明るく、かつ石原純との交流から物理学にも精通していた。そのような背景のもとに『最近の自然科学』は完成したと言える。田辺は、科学に対して批判主義哲学の立場に立って分析することを「科学方法論」と言った。批判主義とは事実を認めてその論理的根拠を明らかにする立場で、カントにはじまり以降の哲学に大きな影響を与えた。『最近の自然科学』で田辺は、ガリレイ・ニュートンの機械的自然観からエネルギーに関するプランクの量子論及びアインシュタインの特殊相対性理論に関する電気的自然観までの物理史を述べている。

小笠原は『最近の自然科学』で示されている科学方法論の立場を生涯堅持し、七一歳の時に学生の

講義用に『教養物理学（近代物理学への道）』（一九七〇）を著した。ここには思想を継承する点では強い師弟関係が見て取れるが、このことは小笠原が哲学者でなく科学者の道を選択したことを意味している。そこに両者の思想の大きな相異があった。小笠原の科学方法論は、『最近の自然科学』をさらに発展させた物理学史となったことは当然としても、後年地学的自然を研究したことにより内容自体も大きく変化していったのである。さらにカントをはじめフッサールの現象学を知り得たことも、小笠原の科学論に大きな影響を与えた。

田辺元の指導はとても厳しかった。学問には厳しかった小笠原が、「あんなに学問に厳しい人はいなかった、最初は学生たちの話をじっと聞いているが、一旦〝しかし〟といったら最後、脂汗を流す

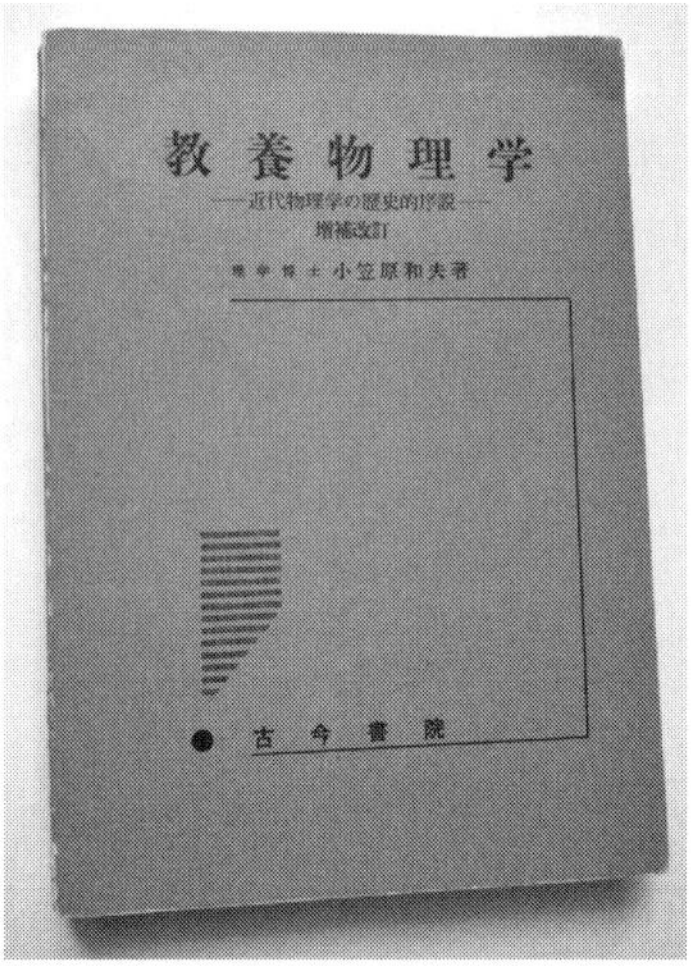

『教養物理学』

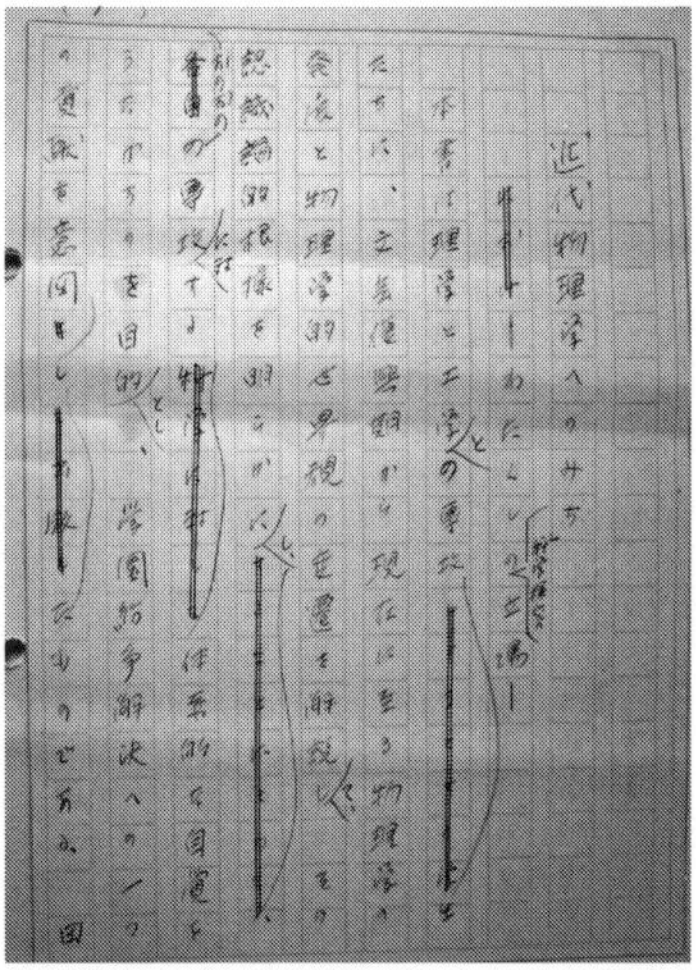
原稿

ほど学生たちを問い詰めた」と言った。

京都の大学生活も終わる頃、そろそろ就職を考えていた時に急遽、台北帝国大学理学部助手として招かれたのであった。

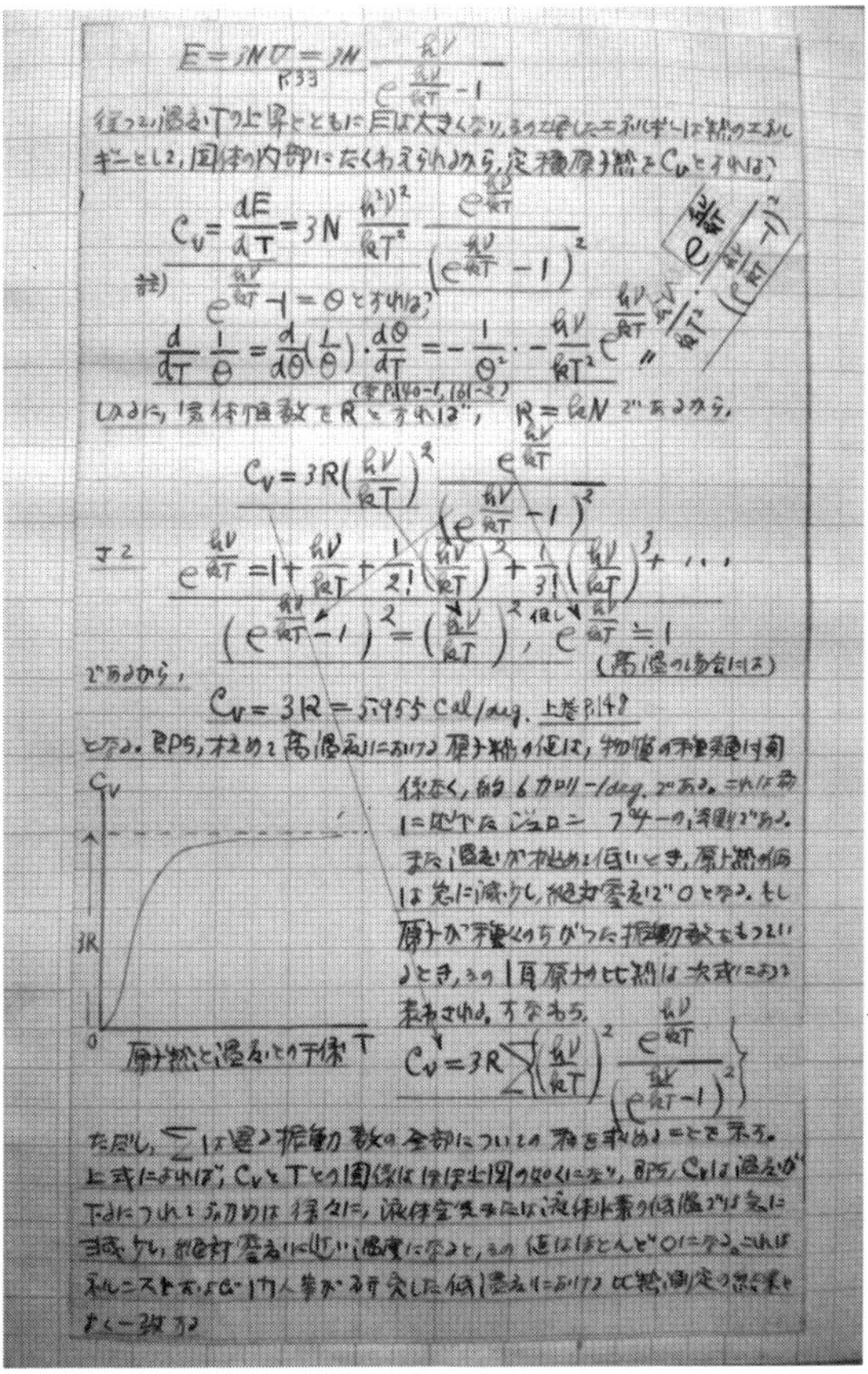

手帳に書かれた『教養物理学』のメモ。

第2章　南方気候論の世界

台北帝国大学時代

小笠原は一九二九年一〇月に台北帝国大学理学部助手として招かれた。以来終戦までの一七年間を教師として台湾で過した。

日本の帝国大学は内地に七校、外地に二校（京城、台北）が設立され、台北帝大は一九二八年に設立されたばかりであった。大学の内規により、すぐには助教授任命は不可能であったので、一九三二年に正式な辞令を受けている。当時の日本は世界恐慌後の不況から立ち直り、満州事変を契機とした軍需景気により、繊維産業等の貿易や、鉄鋼、造船など重化学工業化が進展していた。特に台湾は日本の食糧供給源、南方発展の跳躍台の重要な位置を占めていたので、野心満々の逸材が集まった。台北帝大は、京城はむろん、大阪、名古屋の大学より進んでいたので、若人は相次いで台湾に渡ったのである。

小笠原が台湾帝大に渡った当時は、理学は相対性理論や量子論が発見されるなど世界的な大飛躍時代であり、その哲学的な根拠としての認識論、科学方法論が多くの理学者に追及されていた。小笠原は大学で科学方法論を教えることを期待されていたが、その講義は相当重要視され、公開講座には教授たちも多数聴講するために集まった。そして学生の評判も良かった。しかし小笠原は間もなくすると、数理を基礎とした内容だけでは物理系の学生はともかく、生物系の学生を満足しえないことに気が付いた。大学には文政学部と理農学部の二部があり、理農学部は生物、農学、農芸化学など生物分野が重視されていたので、生物系の学生を教える必要性を感じたのである。生物系の知識を得るための死にものぐるいの学習がはじめられた。氏は学生と一緒に工藤裕舜教授の植物生態学と日比野信一教授の植物生理学を聴講し、相馬助手の甘藷の光合成の実験にも参加した。そして氏自身イギリスのホールデンの環境生態学を読んで理解し、気象や環境に関する公開講演も試みた。

小笠原がやがて気象学の道に入ったのは、全く大学の要請によるものであった。一時は非常に当惑したというが、幸いガイガーの『接地気層の気候』が手に入り、読んでみると、氏の物理学と生物学の素養があれば十分こなせることがわかり、氏は自信をもって気象学の講壇に立つことができた。この本の紹介は、京都帝大の平田徳太郎教授と小笠原が先駆的な役割を演じた。

小笠原が命をかけるほど気象学に身を入れることになった動機は、台湾総督府と糖業界が力を入れていた甘藷の増産運動がきっかけであり、それは理農学部が総動員して取組んだ産業総合開発であった。小笠原もその一翼を担い、論文「タイワン南西平野の季節雨の予想」を完成した。理学部紀要に掲載されたこの英文論文が、マニラ気象台次長のデッパーマン博士の目にとまったのが幸いであった。以来、両者の交流が続けられた。デッパーマン博士は当時の気象学の先端を行く＊ベルゲン学派の深い理解者であり、長い留学からマサチューセッツ学派の発展動向をも深く極めた篤学の神父であった。カトリックでは医学、天文学、気象学などで民生協力のため何らかの施設を大学に設置するのが慣例であり、マニラ気象台も政府機関ではなくアテネオ大学に設置されていた。小笠原はこのようにして科学方法論の講義をつづけながらも、次第に気象学へと軸足を移していったのである。

（注）ベルゲン学派

ヴィルヘルム・ビヤルクネス（一八六二〜一九五一）はノルウェーの気象学者で、流体力学の分野で優れた研究業績がある。後継者を育て、ノルウェー学派・ベルゲン学派と呼ばれる一派を作った。同学派が提唱した温帯低気圧モデルは良く知られている。息子に気象学者であるヤコブ・ビヤルクネスがいる。彼はアメリカに渡り一九四五年にカリフォルニア大学気象学科を創設し、そこが気象学の世界的な拠点となった。近代気象学の創始者といわれている。

南方気候論

小笠原博士は一九四五年の大戦中に気象・気候についての三部作、『南方気象予報資料』『気象学通論』『南方気候論』を著わした。

これらの本は戦時中であったが、歳も若くエネルギーもあり、乗馬で身体を鍛えながら毎日一〇時間机にかじりついてまとめられた。まさに煉獄の苦しみであり、周囲から「小笠原の命も長くはあるまい」などと噂になったという。氏自身「我らになお両三年の命あれば」との覚悟で執筆されたものであった。これらの著作は南方地域における気象学の確立に寄与した。

　今では国際的に主流になっている気象学理論の基礎である気団論・前線論・低気圧論などは、第一次大戦中にノルウェーのビヤルクネス学派によってつくられたものであり、その大著『物理的流体力学』は、大気還流理論を頂点とした、全くの先駆的事業であった。気象学は一種の応用物理学ではあるが、理論構成が複雑で、理解するのが容易でない。当時、デッパーマン博士は、ノルウェーから帰ったばかりで、マニラを拠点に、大陸からの季節風、北太平洋の偏東貿易風、インド洋からの南西季節風の気団研究に力を入れていた。デッパーマン博士が小笠原の論文に注目したのも当然であった。

　北太平洋高気圧には高度三〇〇〇メートルに顕著な逆転層があり、赤道を越えて高温多湿となった赤道気団が、北太平洋気団とこの三〇〇〇メートルの高度で前線を形成し、台風も熱帯低気圧もここ

ではまれるという、ノルウェー学派理論の偉大な発展がここに見られる。氏は、デッパーマン博士の業績を、「生涯不犯、俗界を捨て、ただただ神に仕えるものにして、始めてこの研究が成就した」と言っている。

ビヤルクネス学派の偉業により、第一次大戦後、まず三〇〇〇メートル以下の下層対流圏の大気還流理論がまとめられた。第二次大戦後、アメリカ気象学界のロスビー、パルメン等により、高度一万五〇〇〇メートルを超える成層圏下の大気還流理論が完成しつつあったが、両博士ともノルウェー学派の出身である。

小笠原の著書の内容は概ね次のとおりである。

『南方気象予報資料』は、デッパーマン博士の次に示す九編に及ぶ論文を訳してとりまとめたものである。

・インド洋及び南太平洋気塊移動平均値
・フィリピン孤島発生雷雨の前線論的研究
・南シナ海台風の発生機構研究
・フィリピン群島近東西太平洋台風・低気圧の発生機構研究
・フィリピン台風の特性
・マニラの高層気流
・マニラの天気と雲

・フィリピンを中心とする南洋地方の高層気流調査
・ベンガル湾沿岸の雷雨気候

デッパーマン博士の研究は、南方気象・気候の発生機構に関する最先端の研究をしており、天気予報においても無視することができないものであった。小笠原はデッパーマン博士の全論文を吟味することで、自己の学問的な基礎を築き、そこから新しい独自の学問を創造しようと発心したのである。『気象学通論』は、ノルウェーのビヤルクネスの『物理学的流体力学』、イギリスのブラントの『物理学的力学的気象学』、ドイツのデファントの『大気と大気予報』、アメリカのハンフリーズの『大気の物理学』及びベルゲン学派のペテルセンの天気予報解析を参考にして、氏がとりまとめた気象理論の書である。本書は約七〇〇ページに及ぶ書であり、「気象辞典」に兼用される目的で作成された。

小笠原は最先端の気象理論を学びベルゲン学派とフィリピン気象学会に新生面を開拓したデッパーマンの研究を通じて、南方気象解析を企画したのである。

『南方気候論』は氏が独自にとりまとめたものである。それには南方地域の気象特性を現地や資料で把握することにより、台風や低気圧の発生地域や進路、海上降雨域や雲域に関する前線論的解析とともに、地形と降雨の関係等について詳細に分析されている。

氏は、従来の記述気候学でなく、動力学的説明気候学を唱えている。また植物の分布が気候条件を反映していることから、植物気候論について述べている。同学の植物学の専門家である鈴木時夫（一九一一〜一九七八）や細川隆英（一九〇四〜一九八一）は小笠原の助手として本調査に協力し、植物群落を指標とした南方地域の気象特性を把握した。鈴木時夫はブラウン・ブランケの『植物社会学』（一九六四）を訳し、日本において植物分類学的手法で現存植生図を作成する基礎をつくった人である。戦後大分大学等において、日本各地の植物調査を実施すると共に、小笠原の黒部地域の調査に参加し、植物分類学的手法に基づく群落調査を行った。鈴木の調査手法は多くの植物学者に継承され、現在環境省より日本全土の縮尺二万五〇〇〇分の一の現存植生図の作成へと発展してきている。

なお、不思議な縁ではあるが、小笠原の『南方気候論』の序文は浄土真宗西本願寺派の第二二世宗主、大谷光瑞猊下《げいか》（一八七六～一九四八）が執筆し、小笠原博士の新気象学への期待を表している。大谷は一九〇二年から一二年間インド地方に仏跡探検調査を行い、自らも数年参加して釈迦が説法した霊鷲山《りょうじゅせん》等を探索した。だが、大谷は一九一四年に疑獄事件のために法主を辞任した。それ以降は自由人として文化活動をするかたわら、大戦中には内閣顧問等について政策提言をする立場にあった。小笠原とは台湾の産業振興の観点から交流が進展した。本の序に大谷は「不肖もまた三十有余年来この学を好む、今この書により学を深くすることを得るは大幸なり」とある。大谷光瑞は、台湾の高雄にある別荘「逍遙園」でこの序文を書いている。宗教家を超えて開発計画や気象学にも関心をもつ、破天荒な人物であった。

小笠原は二回にわたって東南アジアをくまなく巡歴し、フィリピンのマニラには四回訪れた。小笠原によればマニラは台風、熱帯低気圧の発生機構の研究に最もよい位置にあるが、ノルウエー学派の気団論、前線論、低気圧論、大気還流理論を見るのに東京ほど優れた位置は世界の何処にもないという。

戦争への対応

気象学は戦争と共に生まれ、戦争と共に成長してきたという特異な性格がある。戦争は気象条件を活用して作戦をたてるかどうかにより、勝敗が決まるといわれる。天気報道が敵国にもれると、航空機による空襲に利用される恐れがあるからである。航空機の登場により、交戦の対象地域が飛躍的に拡大し、気象学の重要性がさらに認識されるようになった。第一次大戦後から第二次大戦までの約二十年間に、近代気象学は二つの点で、画期的に進歩した。

第一は、物理学的流体力学が採用されたことにより、温度・圧力・密度を独立変数とする状態方程式により、現象がより詳しく把握されるようになった。ビヤルクネスとゾルベルクの降雨形成、ベルゲロンの低気圧現象の研究等にみられるように、ベルゲン学派によって広域気象学が開拓されたことである。

第二は高層気象観測の発達である。これにより気団と前線面の探知が容易になり、天気予想の的中率が高められた。アメリカのロスビー等は、高層大気の状態と天気予想に新分野を開拓しつつあった。

ところで『帝国日本の科学思想史』（二〇一八）に記載の「帝国のローカル・サイエンティスト」において、神戸大学の塚原東吾教授は科学と帝国主義という観点から気象学、気候学に携わった科学者を論じる中で、小笠原和夫の気象学を分析している。それによると、小笠原の『南方気候論』の「南方共栄圏の気候学的条件」はハンティントン主義が色濃く出たものであると指摘している。エルスワース・ハンティントン（一八七六～一九四七）はアメリカの地理学者で環境決定論を唱えた学者である。ハンティントンは気候条件から世界の文明を五段階に格付けした。小笠原はそれを修正し日本の本土を含む大東亜共栄圏のグレードを格上げし、さらに日本がオーストラリアとニュージランドを植民地化する論理を導いていると塚原氏は指摘している。そのうえで小笠原は帝国の要請に答えようとする植民地科学者であったと言っている。

『南方気候論』は東南アジア地域の気象データと植物分布を調べて各地域の気候特性を把握することに主眼が置かれている。戦時の小笠原は南方気候特性を熟知する者として、日本帝国の施策に役立つように知力を尽くしたに違いない。ただ、氏は緒戦に勝利し、南方地域に一攫千金を夢見て進出しょうとする者は「国賊行為」であるとして、次のように言っている。

南方建設は先ず土着民の厚生をはかり、我等は遅れて共栄の福祉を受くるの雅量と忍耐がなければならぬ。若し然らずとすれば、さなきだに戦禍に痛み悩める彼等南洋民族を如何にして悦服協力せしめようか。彼等の食物と薬事を彼等に贈り、我等の衣服を脱いで彼等に与える心掛けなしには、大計の確立は断じてその功を収めること覚束ない。（『南方気候論』）

オーストラリアとニュージランドの重要性を氏に教示したのは、著書の序文を書いた大谷光瑞であることを明記しているが、引用文は氏が共栄圏構想に協力する時、これだけは断固譲れない主張であった。

小笠原が理論物理学という純粋科学から気象学へ移ったのは、軍部からでなく学校からの要請によるものであった。戦争によって、それまで学術交流をしていた恩師デッパーマン博士とは敵味方となり、国を背負って戦うことになったのである。小笠原は「科学に国境はない。併し、科学者には祖国がある」という矛盾を抱えて、戦争に対処したのである。

南方作戦を前にして、軍部には、地上作戦に必要な気象資料も、航空作戦に必要な高層気象資料も皆無であった。結局、氏の気象資料が提供され、南方兵用地誌がとりまとめられた。一九四一年七月に、小笠原が招かれて参謀本部で講演をした時には参謀総長も話を聞いた。氏は一九四二年にフィリピン派遣軍の嘱託になり、航空戦に必要な気象資料の分析に当たっていた。同年のニューギニア作戦の時には、氏はマニラの陸軍気象部で大天気図を前にして、台風発生機構に関するデッパーマン博士の学説を吟味検討することに精神を集中させていた。

戦後、小笠原が戦犯に問われることなく、逆に、アメリカ支那派遣軍情報部長を通じてマッカーサー司令官の賞詞《しようし》を得ることになった。それは次の理由による。

①小笠原が軍の要請を受ける時、大学総長の立ち会いの下、総長の指示で作業をすることを約束した。軍から一切の謝金を受けず、マレー作戦（戦時中はマライ作戦と公称）成功の時の勲章の恩命も辞退した。

②第一四軍のフィリピン進軍を知り、本間軍司令官と林軍政監に直談判し、デッパーマン博士のいるアテネオ大学への軍靴の侵入を食止めた。デッパーマン博士が、キリスト教を信じていたので、軍部がローマ総本山に気兼ねをしたこと、また両将とも深く文化を理解していたことも幸いした。
③一九四二年のフィリピン従軍の時には、氏が事態の止むを得なかった成り行きをデッパーマン博士に陳謝するとともに、その後も博士に親切を尽した。

小笠原は「人間、どのような非常時でも、自我を忘れてはならない。万事が誠意である。欲念を捨て去ってかかれ」と語る。デッパーマン博士を守るために、軍に直談判したことは決死の覚悟であったと思われる。戦争が終わってからの小笠原は社会の表に出ることをしなかった。戦後一三年間、大学に戻らず郷里での農業指導に当たったことは、戦争に対する氏の内省からきているように思われる。以来氏は、学術賞はともかく国からの恩賞は全て辞退している。

第3章　郷里の山形で農業指導

農業指導

敗戦後、台湾の日本支配は完全に終わりをつげ、大学も中華民国に引継がれた。当時、大学接収に赴任した教授たちは日本の大学を出た知日派だけで、これらの教授たちは非常に親切であった。小笠原は台湾に留任する理由もなく、事実引揚げたのだが、氏には祖国の復興という大事業が待っていた。郷里の山形県に帰った小笠原は、「日本未だ滅びず、農村が健在なる限り日本は必ず復興する」と、周囲に呼掛けた。それに応え石原莞爾（一八八九～一九四九）を師範に地方の篤農家が続々参集した。石原莞爾は日華事変に貢献した軍人であったが、東条英機との対立から退役を余儀なくされ、病気で一九四六年に山形に帰京し、農業復興に携わっていた。小笠原は気象の長期予報を、篤農家は秘伝の生態に即した増産方法で対応した。この運動は非常に効果を上げた。小笠原の生活は、夏には田園を巡り、冬には吹雪をついての地方講演にと休む暇もなかった。戦後の復興で肥料、農薬も次第に豊富になり、しかも数年間に至る極めて順調な天候が幸いして五割増し以上の豊作となった。これが日本の復興に大きな貢献をしたと評価された。
東北地域では岩手県の国分謙吉と山形県の村山道雄の両知事がひときわ光る活動をしていた。国分知事は農業専門家でもあり、農業基盤整備や北上川水系における治山事業等に貢献していた。また村山知事は大戦中の企画院の出身で、戦後の国土総合開発の企画を実現するため、官民の逸材を網羅して組織化した。小笠原は県の主席専門員、経済安定本部資源調査会専門員として活躍した。「調査なくして開発なし」というのが小笠原の信条であった。氏はこの頃から調査に必要な地形地質の知識を習得していった。小笠原らが参加した山形県総合開発審議会の基礎調査は全国の模範とみなされていった。小笠原は後年、このような手堅い調査があれば、日本の乱開発の失敗はなかったであろうと言っている。それは戦後の開発に伴う公害や環境破壊を思ってのことである。農村の復興に当たり、小笠原の脳裏には台湾時代に見た後藤新平の業績があった。後藤新平（一八五七～一九二九）は第四代総督の児玉源太郎に抜てきされて一八九八年に民政局長として台湾に赴任し、八年間の勤務期間に、人口や土地等の徹底的な調査により政策を立案し、インフラ等を整備した。後藤はまた新渡戸稲造を台湾に招聘し、製糖業の発展を実現している。小笠原の現場主義も後藤の手法を踏襲したものである。小笠原は後藤新平を次のように回想している。

国土総合開発に生涯変らぬ興味を覚え出したのは台北大学在勤中に深い感動をもって学び取った故後藤新平伯の偉業であった。瘴癘蛮雨《しょうれいばんう》、清国からも化外の地域とみなされていた台湾島の治政に当たっては、治民の基礎となる徹底的な旧慣調査の上に理蛮政策・衛生政策・鉄道港湾建設・

産業治水政策・都市計画などを立てて思い切ってこれを断行した。そのどの一つをとっても伯は真に世界的偉人であった。（略）石原莞爾は不治の病床にあったが、歴史を洞察する眼力と国土再建についての見識はわたくしに大きな影響をあたえた。（『山と水の自然』）

小笠原は郷里の復興建設に当たり、後藤新平をモデルとして取り組んだ。アメリカのTVA計画の成功も日本に伝えられ、北上川総合開発の輝かしい成果はその影響を受けたものであった。農業気象を通してではあるが、国土総合開発は小笠原の使命でもあった。

氏の農業指導は、『水稲肥培管理上の諸問題』（一九四八）に基づき行われた。本書は水稲栽培学の佐藤富十郎との共著であり、戦後の食糧一割増産の国家至上命令に応えるために、冷害に見舞われやすい東北において、気候や土質に最適な品種と肥培管理の在り方を述べたものである。稲作は発芽から幼穂が分化し根や茎や葉が成長するまでの栄養成長期と、発育が終わり子孫を残す期間である生殖成長期があり、その交代期が気候上最も注意を要する。収穫に最も大きな影響を及ぼすのが七月～八月の気温であり、この期間の平均気温が二四℃以上ならば豊作、二四～二二℃で平年作、二二℃以下では一般に凶作となる。従来の肥料方法は基施法として苗の挿植前に肥料を全部与えていたのであるが、小笠原らは分施法を提案した。冷害により減収するのは肥料のやりすぎにより稲熱《いもち》病が発生することにより起こるので、六月～七月に低温化が予想されるときには大苗密植主義をとり、早植少肥栽培にするのがよい。その場合には基肥を控えめにしておき、出穂前に残りを追肥するのである。砂地では基肥三分の二、追肥三分の一とし、粘土質土壌では基肥四分の三、追肥四分の一を目安としている。このような分施法により増収に成功したのであった。小笠原は、敗戦により帰国してから、わずか二〇カ月の間に各地の農村で多数の講演を行い、その講演活動は山形だけでなく福島、新潟、秋田の三県に及んでいる。

この間、二丈の積雪を踏んで本郷村を訪れ、烈風二〇mの赤川堤防を走り、零下二〇度の船形村に至り、目も開けられぬ置賜の猛吹雪を衝き、現在までに巡歴町村一五〇を超え、毎回講演五～六時間、回数二二〇回に及んでいる。(『水稲肥培管理上の諸問題』)

このようにして小笠原は一三年間農業指導に取組むと共に山形県の総合開発、特に治山治水と水資源開発に取組んだ。氏が主幹した学術調査は地学、植生、気候など科学技術の粋を集めて行われた。その調査は吾妻山、蔵王山、船形山、月山、朝日岳などで行われると共に、最上川水系の各河川の水調査や地下水調査が実施された。これらは約二〇の調査報告書として取りまとめられている。著作では『山形県の気候』(一九五〇)などが刊行された。

日本の農業

日本の水稲農業は弥生期に始まり、それを基盤とした社会制度は約二〇〇〇年間続いてきた。長い期間にわたり日本の経済を支えてきたのは農民の「血と汗」を振り絞った農業生産力であった。江戸時代の日本の人口は約三〇〇〇万人であり、日本の最大飢饉といわれる享保（一七三二）、宝暦（一七五五年）、天明（一七八三年）、天保（一八三三年）には、人口が四〇〇万前後減少したのは、飢饉の影響を受けたことにより農民が飢餓線上に暮らしている証拠であると小笠原は推測している。そのため江戸時代にはいたるところで百姓一揆が起こった。氏によれば、「明治以来でも東北の農民たちは何度も草の根をかじって飢えをしのぎ、娘を吉原に売って生きぬいた」という。明治以来の工業化や軍備を支えたのは地主であり農民であった。当時の農村は労働と国軍供給の巨大なダムであった。しかし敗戦により工場が壊滅し、日本中が食糧難に陥っている一九四六年、幣原内閣（松村謙三農相）は、農民の不満を解消し、食糧増産を図るために農地を地主から解放する「農地改革」を行った。

小笠原は松村謙三が逝去した時、松村家に追悼文を送っている。氏によれば松村とは富山県の庄川調査で知り合い、交流がつづいた。農地改革は、富山の裕福な地主の家に生まれ、農民の苦難を知っていた松村でなければできない歴史的偉業であり、農政史上の最大の革命であった。松村は一切名利を求めず、高潔で清貧な教養豊かな政治家として与野党一致の信望をあつめていた。見事な書を表し、中国伝統の蘭を愛し、日本と東洋を自覚した実践的政治家であった。そして松村は日本国憲法を占領軍の押しつけとは決して考えなかった。小笠原は、世界平和を忘れてはならないが、日本は東洋中心の外交を推し進めることが、松村が未来にいきる歴史的意義であるとする。それは「アジアは一つ」と言った岡倉天心の思想に通じてもいる。小笠原自身、過去二度の大戦を経て、世界はヨーロッパ中心の大西洋時代からアジア中心の太平洋時代に移りつつあると認識していた。だが日本の将来がアジアとともにあるとすれば、アジア諸国はまだ低開発の農業国である。そして日本の農業は工業化によって崩壊しつつある。人口をささえる農業をどのように振興させるのか、それは松村の残された課題であり、とりもなおさず小笠原の一番念頭にあることであった。

このような東洋中心の外交を重視していた小笠原の考えを思う時、現在の対韓・中国との冷えた構図は小笠原の目指した方向とは言えない。

それはともかく、農地開放は工業化による化学肥料の開発等も功を奏して、コメの収量は徳川時代の三倍、明治時代の二倍に増えたが、わずか二〇年で食糧生産過剰の時代を迎えた。一九七一年の水田減反政策である。

水田面積を減らせば離農者が増える。工業化が進展する一方で、農村人口は都市へと流れ、冬の農閑期には農民の出稼ぎが増加した。一家の長が、長期間家庭を留守にすることになり、家庭の団欒が見られなくなった。結局、小笠原博士は、工業化に伴う農業へのマイナス面の影響を、次のように総括している。

①労働人口の都市集中過密化と農村人口の過疎化
②米の生産制限と農業の大農化に伴う小農層の没落
③伝統農村社会と家族生活の徹底的崩壊

氏によれば、日本を含むアジアの自然観は人間と対立するものでなく、「一切の生類をはぐくみ育てる母胎」である。それに対して、遊牧を主体とするヨーロッパ型の風土や砂漠を中心とした回教隊商型風土は「自然と人間との対立」という思想が根底にあるとする。

高度経済成長期には国際競争に打ち勝つために開発事業が優先され環境配慮がなされなかったために、公害等の環境影響が顕在化した。イタイイタイ病、四日市ぜん息、水俣病などの公害病が発生し、ようやく一九六七年には公害対策基本法が制定され、一九七一年には環境庁が発足した。小笠原は七〇年代前半の日本の環境について、次にように述べている。

現在日本のようにばい煙や汚水を出し放し、毒物のために人命がそこなわれても取りしまりのない国がどこにあろうか。「進歩と調和」どころか「進歩と破壊」がいたるところに横行している。（略）祖国愛と民族のエネルギーはすべて祖国の山河と大地から生まれる。現在は祖国の田園と山河は荒廃の一途をたどっている。現在のような交通危険と工場公害の中ではたしてどこから祖国愛が生まれ、どこから民族のエネルギーが湧き出ようか。（『氷晶』）

小笠原は自然環境の破壊を「日本民族のエネルギー涵養源の喪失」ととらえていた。そこまで深く環境問題を考えている。もちろん環境問題については、明治時代の足尾銅山鉱毒事件をはじめ、水俣病の根源を問いただした石牟礼道子の『苦界浄土』（一九七二）や化学物質による複合汚染の可能性を追求した有吉佐和子の『複合汚染』（一九七九）により、国民の環境への関心は高まりつつあった。そして氏は科学者として環境問題を日本人全体のこととして総合的にとらえている。そこに注意してほしい。

いずれにしても、小笠原は工業中心主義で進んでゆく日本に限りない不安をもっていた。そして次の事項を指摘している。

①戦争は軍事衝突だけでなく経済紛争によっても起こり得る。戦争になった時には食糧不足が一番怖い。最小限の国民食糧は自ら生産する必要がある。日本の食糧自給率は七割程度を確保する。
②難局に対して為政者、農政学者にも、真の指導者がいない。農工一体の施策を貫くためには、農民が安心して暮らせる保証が必要である。

氏によれば今後必要なことは生活に必要な食糧を自給し、生活を豊かにするためにほどよい工業生産を発展させることである。農業あるいは工業にかかわらず労働は生活のためにこそある。小笠原にとって、日本の農業の未来は、工業と農業とが調和した「農工一体の姿」を理想としていた。

折しも一九七二年には田中角栄の『日本列島改造論』が提唱され、高速道路等の交通ネットワークを整備し、工場の地方分散、都市の過密を防止することが提唱された。小笠原は地方に日本列島改造が公害と自然破壊をもたらす可能性が十分あると指摘し、「過疎民衆の生活向上を図るもの」でなくてはならないと言っている。そして国の方針である政府機関の地方移転がままならない状況を見て、小笠原はむしろ首都移転を推進することに賛成であった。

氏は非常時に備えて、日本の食糧自給を十分確保しておくべきであると主張したが、現状はどうか。

日本の食糧自給率はカロリーベースでみると、一九六五年は七三パーセントであったが、二〇一五年には三八パーセントに減少している。農地面積は一九六〇年の六〇九万ヘクタールから二〇一六年には四四七万ヘクタールに減少し、約四〇万ヘクタールの耕作放棄地がある。少子高齢化とグローバル経済に対応するために、農業への新規参入を図り、農地の集約化と、ＩＴによる省力化などにより生産性の向上を目指している。小笠原が生きていたなら、どのような提案をしたであろうか。

蔵王の樹氷

小笠原は県の専門員として各分野の専門家を組織して気象、地学、植生等の総合調査を行った。その調査は吾妻山、蔵王山、月山、船形山、朝日岳などの山の調査をはじめ、最上川水系各河川の水基本調査や山形盆地における各扇状地の地下水調査であった。蔵王の樹氷研究もその一つである。小笠原博士は、蔵王の山を好み樹氷や豪雪の研究を行っており、富山大学へ移ってからも、北海道大学低温科学研究所の研究者と共に研究が続けられた。斎藤茂吉はその蔵王を歌に詠んでいる。

陸奥《みちのく》をふたわけざまに聳えたまふ蔵王の山の雲の中に立つ

この歌は茂吉が五二歳のときに著した「白桃」（一九三四年）で「山上歌碑」として紹介されている。

小笠原はこの歌を、「蔵王の主峰熊野山に建てられた豪快無双な景観歌」であるという。

小笠原博士が「雲の物理学」を研究したのは、ペテルセンの『天気解析と予報』を翻訳したのがきっかけである。雲の発生は、水蒸気が冷却されることが絶対的な条件であり、高温で湿った気塊が断熱的に上昇して冷却するなど、様々である。

水蒸気が凝固して水滴になるためには、凝結核が必要である。それは、工場の排煙や海水の微粒子などである。霧と雲は、物理的には同じものであり、自分を取り囲む場合が「霧」で、高層に浮かぶ場合が「雲」となる。氏によれば、茂吉の歌に示されている「雲」は、「霧」と言うのが正しいとする。

蔵王地蔵岳（一七三六メートル）は冬の平均気温はマイナス一二℃、平均雲量は九・五で晴れ間の少ない雲に閉ざされている。平均風速は秒速一四・六メートルであり、しばしば秒速四〇メートルの暴風雪となる。オオシラビソなどの樹木につく樹氷はこのような気象環境で生じる。樹氷は暴風によって脱落するが、気温マイナス五℃より高温でも脱落する。雲粒は塩化ナトリウムや塩化マグネシュウムなどの吸湿性核を中心として凝結する。雪の結晶となる氷晶核は粘土性物質などでこれとは別種のものである。雲粒は〇℃になっても凍らずに自然界では約マイナス二〇℃になっても過冷却となって存在する。過冷却状態にある雲粒が強風に運ばれて樹木等の地物に衝突すると結氷する、これが樹氷である。

雨滴の直径は一～二ミリメートルであるが雲粒は極めて小さく、一個の雨滴ができるには一〇〇万個の雲粒が集まらなければならない。過冷却水滴と氷晶が共存している場合には、その水滴が蒸発して雪になり、夏にはそれが落下して雨になる。このようなメカニズムを詳細に解析したのが、ベルシュロン・フィンダイセンの理論である。高度五〇〇〇メートル以上に現れる巻雲、巻積雲などの上層雲は氷晶でできているが、マイナス二〇℃でも雲中に過冷却水滴が多いということは氷晶をつくる核が少ないことを示している。そこでドライアイスやヨウ化銀を使って人工的に氷晶核をふやして氷晶をつくり、人工降雨に利用されている。

小笠原らは毎年二月に蔵王で雪の調査を行ったところ、樹氷の正体は雪が七割、過冷却水滴は三割と少なかった。雪の氷晶核は土壌鉱物が有力な一つであるが、その源泉が問題であった。中国やシベリア大陸からの移送が考えられるが、冬には結氷しているはずである。微量であれば日本海に源泉を求められるが、その量が問題である。

いずれにしても数少ない非潮解性の氷晶核が中心となり氷晶（雪の結晶）ができるが、その芯核が必要である。小笠原は雪の六方晶形の角や枝の部分に着目し、これらが氷晶核となって新しい雪の結晶を

蔵王の樹氷（菅井敬一郎撮影）

つくるのではないかと考えた。これは鉱物などではなく無核の氷晶と言える。一個の有核氷晶がもとになり、無核の氷晶が増えていく。この解釈は小笠原が中谷宇吉郎博士の雪の結晶をヒントに着想したものであった。当時、「無核の氷晶がいかにして可能か」という国際的謎に、小笠原なりに解答したのである。

蔵王の樹氷は、一月下旬からつきはじめて二月下旬に最盛期となるが、吹雪が続けば一二月下旬でも四月上旬でも見られる。一～二月には平均気温がマイナス一二℃であり、気温が〇℃以上になることはなく、ほとんどマイナス一〇℃を持続する。七～八月の夏の平均気温は一〇℃であるから、この気温差は高度にして約四〇〇〇メートル近くに相当し、夏の高度六〇〇〇メートルの雲の中で起こっている物理現象を冬の蔵王の雲の中でみられることになる。冬の蔵王は過冷却水滴の中にあって、ドッコ沼の山の家周辺ではブナにも樹氷がつく。

氏はまた蔵王の雪がスキーにいかに適しているかを科学的に検討している。スキー場の雪面にも過冷却水滴が着氷するので、これが蔵王の雪質がスキーに最適な条件になっていると、小笠原は解釈した。北海道のように低温すぎるカワキ雪でもなく、中部地域のように温度が高い湿り雪でもなく、蔵王の雪は温度条件も適当である上に、降り積もった雪が過冷却水滴（霧）で始終セメンティングされて固められるので、スキーに最適な雪となっている。

第4章　北アルプスの自然研究

小笠原は一九五九年の還暦の時に富山大学教授に着任した。新潟大学や岩手大学からも招かれたが、富山大学に勤めたことが晩年の学問飛躍の糸口となった。豊富な電力と富山湾を控えた農工一体を目指す県のやり方が、富山を日本屈指の富裕県に発展させた。それには小笠原らの学術調査が基礎になっている。山好きの小笠原は標高二〇〇〇メートルの東北の山々には既に満足していなかった。これからは標高三〇〇〇メートルの峻嶮で懐の深い北アルプスが相手である。既に還暦とはいっても、まだまだ体力もあり頭脳も明朗であった。

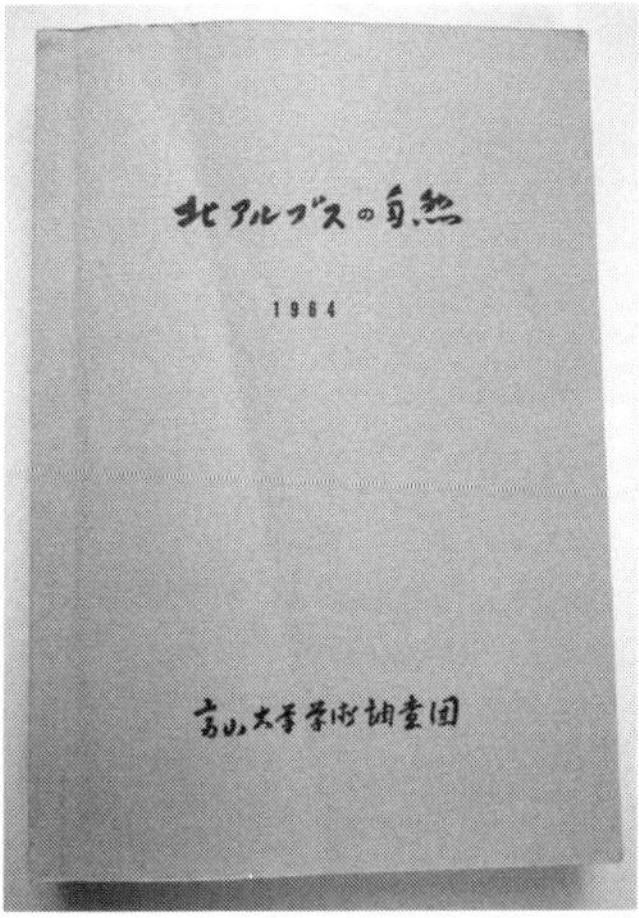

　翌年の六〇年に富山新聞社が発刊を記念した称名川や立山火山の学術調査を企画した。最初は予算の一部を使う計画であったが、次第に予算が膨張し、次に「あるだけ使え」となり、最後に「要るだけ使え」となった。しかしそれも

使い果たし前に進めなくなった。そんなある日、小笠原が立山に登っていた時、同行した牧野平五郎氏が個人的なお金を使ってくれと申し出たという。さすがに驚いた小笠原は個人のお金は使えないと断った。幸いその調査は文部省の科学研究費の予算が付くことになり継続することができた。その後、結局学術報告書の印刷に牧野氏の寄付が使われたという。牧野氏は県の自然保護協会の理事で、富山山岳会の中心であり、自然保護に尽力した人である。牧野氏は小笠原の学術報告書を陛下、皇太子殿下をはじめとする宮家に献上することを進言し、牧野氏から侍従職を通じて献上された。そのような経緯を経て、『北アルプスの自然』（一九六四、富山大学学術調査団）が秩父宮記念学術賞を受けることになった。

牧野氏との出会いが、富山時代の小笠原の研究が順風満帆《じゅんぷうまんぱん》と運命が開けたきっかけとなった。小笠原は牧野平五郎氏の亡くなった時、富山の珠玉を失ったとして次のような哀悼の意をささげている。

牧野先生、わたくしは先生の自然保護によせられた並々ならぬ情熱を体し、先生のご意志をついで、ごまかしのない自然探求をつづけます。

学術調査は富山大学と金沢大学とが連合した官民一体のもので、その後、小笠原が主体となり実施した『黒部川』（一九六六、富山大学学術調査団）と共に、いまでは不可能にちかい調査であった。これらの学術報告書の内容は後に科学随筆『山と水の自然』（一九六九）として取りまとめられた。

小笠原は富山県の主要河川である庄川、神通川、常願寺川、早月川、黒部川の全てを調査したが、最も苦労したのは黒部川である。また庄川は岐阜県に及び、黒部川の一・七倍の流域を有しており、庄川扇状地の地下水調査と支川である和田川総合開発調査には非常に骨を折った。

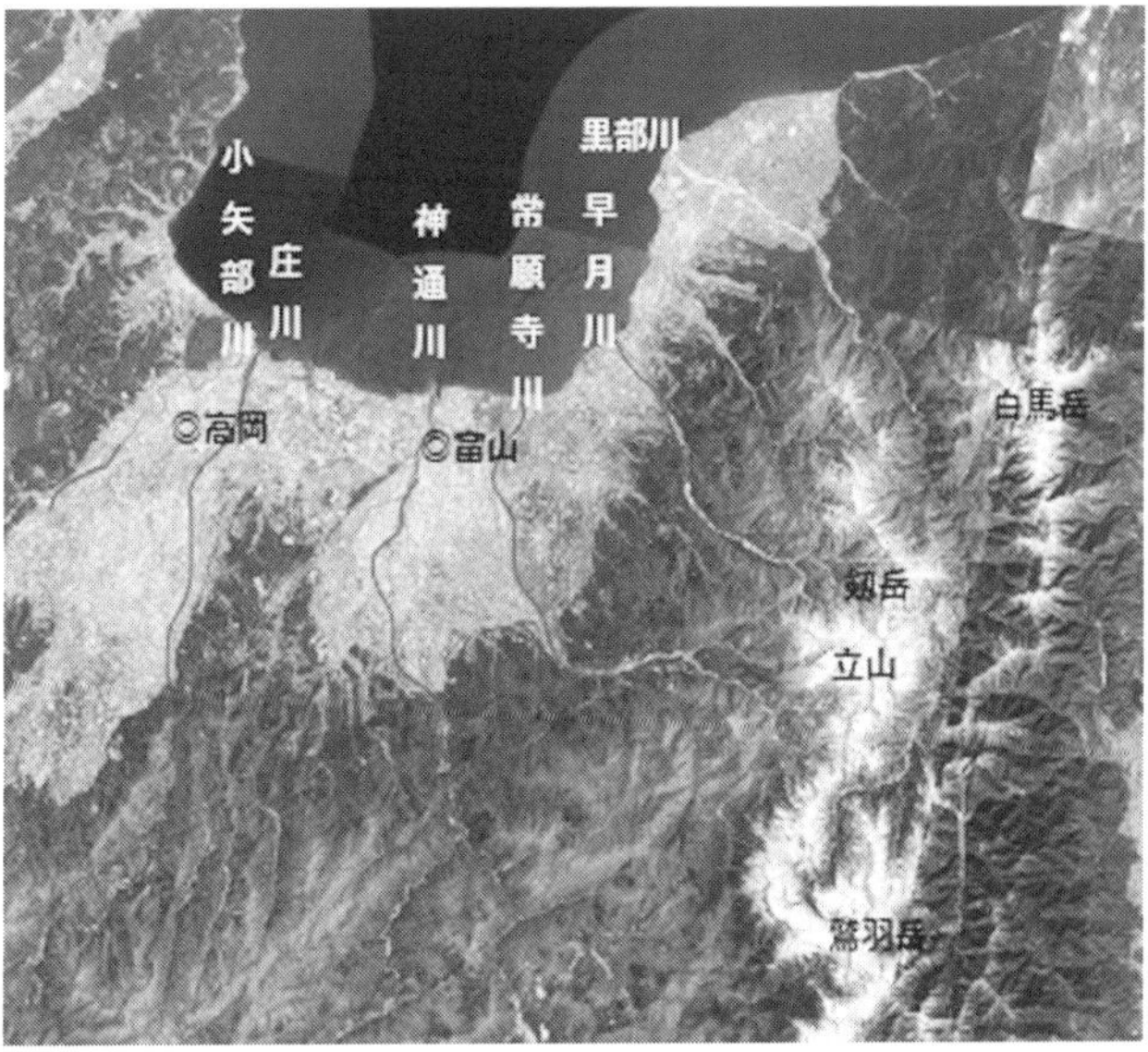

富山県の主要河川

水資源総合開発（庄川、黒部川）

○庄川

庄川水系は、その源を岐阜県の烏帽子岳に発して北流し、富山県に入り利賀《とが》川を合わせた後、砺波平野で和田川と合流し、日本海に注ぐ一級河川である。砺波市青島付近から広大な扇状地が広がっている。小笠原は、扇頂部に位置する青島合口までの流域一〇三七平方キロメートルにおける月別水収支解析を行い、水資源総合開発を検討した。

庄川の水収支については、年間降水量四〇・九億トン、蒸発散量四・六億トン、その差三六・三億トンが流量になると算定した。

水収支で特に難しいのは冬季の積雪結氷があるからである。この期間には自然流量は地下水だけでまかなわれ、春から夏にかけては融雪水量から地下貯水の充填量を差し引いたものが、降水量（蒸発散量をひいたもの）に加わって、自然流量を決定するからである。

ちなみに一一月～三月における積雪総水量は一一・七億トン、河川流出総水量三・六億トン、地下水放出量五・三億トンになる。積雪総水量は、蒸発散を差し引いた年間総降水量三六・三億トンの三二％となる。この値は庄川流域の平均積雪深が二・一四メートルと推定してのことである。そしてこの積雪深を求めるには、雪と植生との関係から、空中写真判読をとおして求められる。一連の水収支解析は氏独自の庄川モデルとも言える。

小笠原は水収支解析をふまえて、庄川の水資源総合開発を検討した。そのため一〇年間の毎日の流量を吟味した。問題は青島合口到達流量三六億トンに対して、農業用水と当時計画されていた和田川総合開発の用水をあわせた年間一八・五億トンの調達が可能かどうかであった。氏によれば過去の干ばつ状況をふまえると、水不足が生じる可能性があるとして、この難問を解決するには、御母衣《みぼろ》ダムの放流、新規ダムの開発及び扇状地地下水の方法しかないとした。そこで氏はダムの新規開発より扇状地からの地下水利用を推奨したのであった。

○黒部川

黒部川は、鷲羽岳《わしばだけ》（二九二四メートル）と祖父岳《じいだけ》（二八二一メートル）に源流を有する延長八六キロ、集水面積七六八平方キロの河川である。平均勾配が四〇分の一と急であり、オランダの河川技術者デ・レーケらが、「これは川でなく滝である」と言ったといわれる。黒部川は庄川流域の七六％であり総延長もそれほど長くはないが、年降雨量は四〇〇〇ミリメートルをはるかに超える。そして地学研究の対象、治水・利水の総合開発及び自然改造技術からみて、国際的評価にふさわしい重要河川である。

黒部川の黒四ダムは、一九五六年の工事から一九六三年の竣工まで七年を要し、延べ約一〇〇〇万人の労働者が参加、難工事のため一七一人が殉職、五一三億円が投入されて完成した。容量二億トン、毎秒五四トンの流量で二五万八〇〇〇キロワットの出力を与えた。これにより従来渇水期に一〇万キロワット程度に低下していた既設発電所群の能力を、二七万キロワットに高めて出力約五三万キロワットを可能にした。黒四ダムは、融雪水と梅雨や台風の豪雨を貯留し、それを夏の干ばつ期と結氷期に計画放流する。

小笠原は、庄川と同じ方法で黒部川の水収支解析を行い洪水対策、干ばつ対策、電源開発等ついて検討した。流域の要である愛本合口に至る集水域六五四平方キロの水収支は、年降水量三一・三億トンから年蒸発散量二・八億トンの差が自然流量二八・五億トンである。月別水収支になると、地形が急峻であり豪雪と雪崩の危険性の高い峡谷であるために、庄川とは比較にならない困難を伴った。しかも流域全体の正確な積雪量の把握が欠かせない

水文解析の結果、総電力五三万キロワットに加えて「将来なお五〇万キロワット程度の開発が可能」であると推定した。流域全体で一〇三万キロワットの発電ポテンシャルがあると見なした。

ちなみに二〇一七年における黒部川水系の愛本より奥にある一二の発電所の総出力は約一〇〇万キロワット弱である。小笠原の推定値がいかに確かであったかを示している。このような水文解析に基づき工業用水の開発の基礎がすえられた。しかし電源開発は、農業水利権、工業用水、上水道開発及び洪水調節などの調整が必要であるため、常に政治問題をはらんでいる。それだけに、氏は水収支には徹底的な科学的検討が必要であるとした。

一方において小笠原らは、一九六五年から二年間、黒部川扇状地の地質調査を行い、その結果、断層崖に実質二〇余億トンの地下水が蓄えられており、毎年五億トンが自然涵養され、年間二億トン（日量五〇万トン）を利用できることを明らかにした。農工用水の開発により、富山県に「農工一体の理想的社会」の実現を目指したのである。

○水資源総合開発

小笠原が終戦後から約二〇年を費やした水資源総合開発の調査とは、「気象学を中心とする水を主体とした総合開発の基礎調査」のことである。山形県の総合開発、特に治山治水の仕事に取組んだことがそのきっかけである。一九五〇年に国が指針とした「国土調査」に基づき、最上川水系の各河川で調査を行っている。そして水調査がいかに難しく、年月を要する分野であることを思い知ったのであった。

水の調査は一年を周期とすれば、流域における年総流量と蒸発散量との和が総降水量と等しいはずである。流量調査、降水量調査は少なくとも一〇年以上の統計がないとデータが安定しない。降水量調査は、全国に約一三〇〇カ所のアメダスの観測地点があるが、日本のように地形が複雑な環境では、その観測網はあまりにも粗すぎるのである。アメダスの観測地点は約二〇キロメートル間隔であり、それより小さなスケールで発生する集中豪雨などの把握にはなお不十分である。山岳地では雪氷が降水量の約三割を占めるが、高山奥地の積雪水量を測定することは難しい。また蒸発散量の推定も大変根気の要するもので容易ではない。そして扇状地と平野部の利水には地下水を無視することができない。地下水調査は本来地質調査の一環としてボーリング調査等による水利地質が主となっているが、地下水涵養について研究する専門家があまりにも少ないのである。

一方において、氏は水行政が複雑多岐にわたっていることを問題にしている。河川砂防、農業用水、電力用水、水道事業、それぞれ行政の所管が異なっている。水の基礎調査が棚上げにされて政治問題になりがちなのである。戦後、発電用につくられたダム群は各分野の水利用に貢献するとともに治山砂防効果をいっきょに解決した。

しかし国土開発が進むにつれ洪水調整を行っている調整池を埋立て、森林堤防は伐られて宅地化された。自然に人工を加えれば、必ず副作用を及ぼすのである。電源開発で起こりやすい紛争は水利権と水温の問題である。ダムによる発電は長い水路トンネルを用いるので、そこを通過する水が自然流と比べて温度が温まらない。これは農業用水としては不利であるが、冷却用の工業用水としては有利である。その調整が必要になってくる。

以上のことから水文学の実際の調査がいかに困難であるかがわかると思われる。小笠原が長年かけてようやく満足する水収支解析ができたのが、庄川と黒部川であった。水文学は水収支が中心であるが、小笠原の体験からすれば、そのほか河川の実況調査、洪水と干ばつ機構の研究、それに国土利用等の諸条件が把握される必要があるとする。そして水問題は東南アジアの切実な問題でもある。

わが国の国勢発展は水資源にかかっており、なお東南アジアでは水が民族死活の鍵をにぎっている。東南アジアを餓死から守るには、水利の徹底的開発を急がなければならない。(『山と水の自然』)

日本の高度経済成長期には、国の総合開発は水資源にかかっていたが、現在発展の著しい東南アジアは、まさに当時の日本の状況にある。「東南アジアでは水が民族死活の鍵をにぎっている」状況は現在も変わらない。広く途上国にとって水資源は命に直結しており、紛争、飢餓、貧困に深く係っている。二〇一九年一二月に、アフガニスタンで武装勢力に倒れた中村哲医師は、「一〇〇の診療所より一本の用水路」と言った。自ら技術を習得して灌漑事業に取組み、地域の雇用を創出するとともに農地へ送水し、食糧を生産して多数の人命を救ってきた。

一九五〇年代はエネルギーの主力は水力であったが、六〇年代に石油を燃料とする火力が主となり、次第に石油、石炭、LNGを燃料とする火力や原子力の割合が増加していった。原子力は総出力の約三割まで増加したが、東日本大震災によりゼロとなり、その後再稼働したもののその量は少ない。水力発電の割合は近年一〇%未満で推移してきており二〇一八年では七・八%になっている。水は再生可能エネルギーであることから、自然環境への影響が少ない小水力発電が注目されている。

そして小笠原が問題視した水の縦割り行政については、二〇一九年の一九号台風の河川氾濫による被害をふまえて、国は二〇二〇年六月から流域治水のもと、豪雨が予想されたときに農業や発電に使う水を流してダムの空きをふやす「事前放流」を実施した。洪水対策に使える容量を従来の約二倍にした。卓見というほかない。もし小笠原が生きていたならどういう提案をしただろうか、と思っている。

黒部峡谷の圏谷爆風雪崩

黒四ダムより下流の渓谷は下廊下といわれており、谷の比高が約一〇〇〇メートル級の圏谷が存在する。これらの圏谷で起こる雪崩は圏谷爆風雪崩または泡雪崩（ホウ雪崩）といわれ、大きな被害を及ぼすものとして恐れられてきた。

圏谷爆風雪崩の一例を次に示す。

・志合《しあい》谷の雪崩（一九三八年十二月）：雪崩により、鉄筋コンクリートの二階より上部の木造二階建ての宿舎が、そこで睡眠していた六八名を運んで、約六〇〇メートル離れた対岸の奥鐘山に激突した。火災も含め死者七九名を出した。宿舎周辺で二カ月探しても死者は見つからず、三カ月近くたって、ようやく探し当てた。

・阿曽原谷の雪崩（一九四〇年一月）：雪崩で飛んだブナの巨木が、逆さになって宿舎を襲うとともに、火災を発し死者二八名を出した。

小笠原は、このような黒部峡谷の雪崩の発生機構を検討したである。氏は、乾燥表層雪崩としてのホウ雪崩を固体の落下としてではなく、谷間を通り抜けることから流体として取り扱い、その衝撃力を解析した。個体の場合は位置エネルギーと運動エネルギーが考慮されるが、流体の場合には位置エネルギー、運動エネルギー、圧力エネルギーの和が一定とするベルヌーイの定理が適用される。位置エネルギーの代償として運動エネルギー、圧力エネルギーの和が結果し、両者は相互補償的で、雪崩の速度は谷が狭くなる所で減殺されると圧力エネルギーに転化される。大きな破壊力を有する所以である。これが正・負の爆風を起こして被害を及ぼす。

密度〇・一の雪が、谷で圧縮されて密度〇・五になると、積雪内の空気が圧縮されて圧力が増加する。それは密度〇・五の雪塊を秒速八九メートルの速度で吹き飛ばす力となる。なお密度が〇・八から〇・九に移るときには音速を超えることになる。この正圧がブナの樹幹直径約六〇センチの巨木を切断する原因になったと解釈した。

氏は自らこの理論を「断熱的圧縮理論」と名づけた。その後、富山大学と北海道大学の雪氷研究者により、ホウ雪崩の衝撃圧力と速度を把握するための現地調査が行われた。しかしホウ雪崩が起こる場所は、現地調査を行うことが難しいところであり、さらなる実験等による検証が待たれる。

ところで、吉村昭の『高熱隧道』(一九六七)は、一九三六年に着手された黒部第三発電所の建設工事における、岩盤温度が最高一六五℃ま

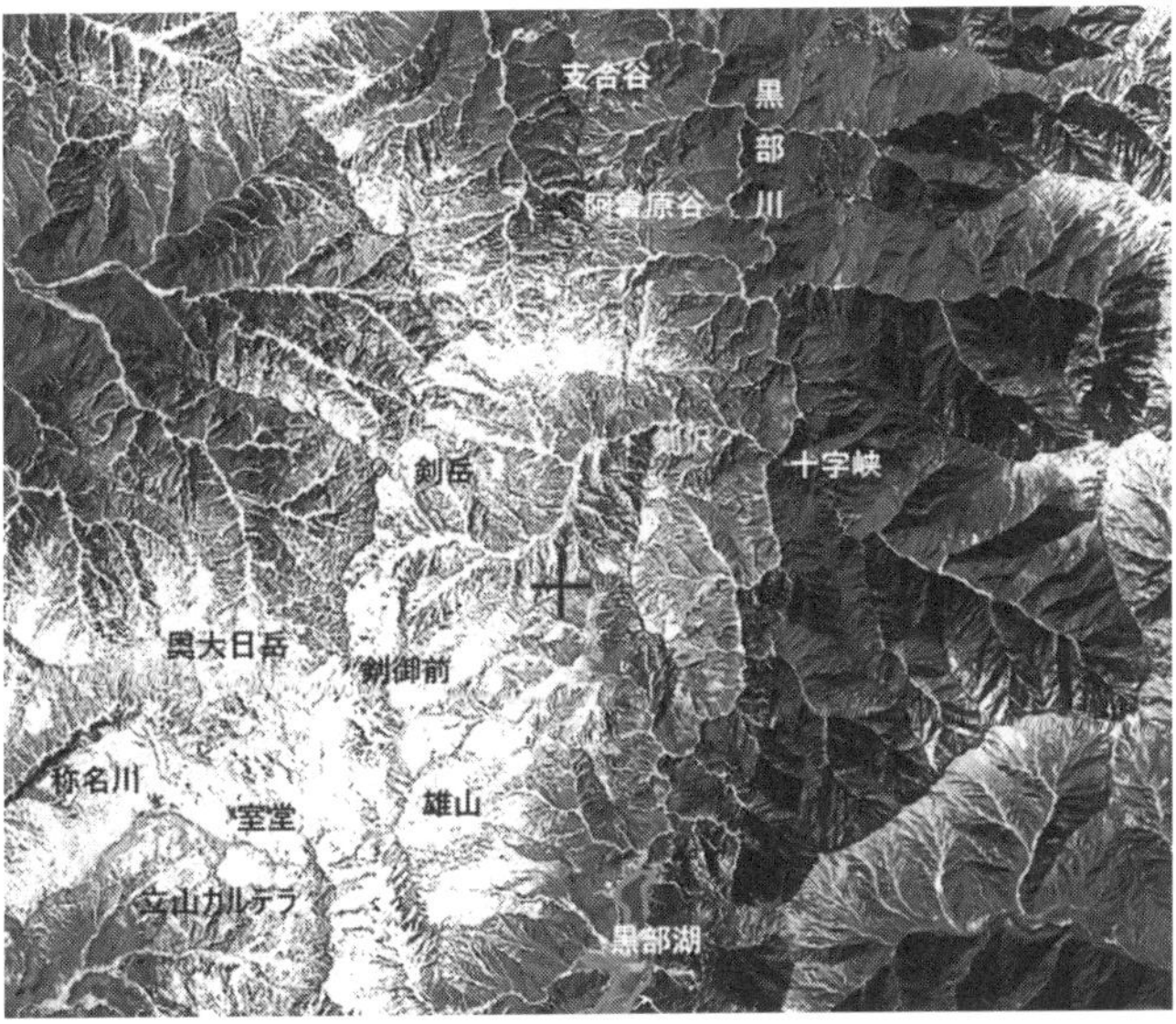

黒四ダム周辺地域(ダムより下流の谷は雪崩の巣窟)

で達する中で、軌道トンネルの建設に命をかけて働く建設事業者の物語である。全工区での死者は三〇〇名を超えるすさまじさである。ここには志合谷の雪崩も掲載されている。作者は、「黒部峡谷は、人間が挑むには不可能な世界かもしれない」と登場人物に語らせているように、自然と人間の戦いがテーマになっている。この小説に、雪の専門家として登場する笠原教授は小笠原がモデルとなっている。

黒部の第四発電所では雪崩を避けるために、各施設は地下に設置されている。黒部の電源開発は、高熱地帯の隧道を雪崩と戦いながら貫通したこと、また断層破砕帯を貫通して大町へと向けるトンネルを建設したことで完成した国際的偉業であった。

山地積雪と植生分布

立山黒部のような豪雪地帯で現地調査により積雪深を測定することは不可能である。小笠原博士と藤平彬文《ふじひらよしぶみ》は、現地調査と空中写真判読により、植物を指標として積雪深を測定する方法を開発した。立山黒部地域の植生分布を示すと、ブナが標高五〇〇～一四〇〇メートル、オオシラビソは一六〇〇～二五〇〇メートル、ハイマツは二〇〇〇～三〇〇〇メートルに分布している。

二人は「北アルプスの亜高山帯以高では、消雪期日の早晩に支配される植生分布により、最深積雪深を測る」という経験則を見出した。例えば、ハイマツは五月下旬～六月上旬に消雪するところに分布し、そこでの平均積雪深は約一・二メートルである。消雪期日は、オオシラビソ六月中旬～七月下

ブナの風下側につく地衣類の位置が平均最深積雪深を表す（横線）

オオシラビソの枝張が上下に分かれるところが平均最深積雪深を示す（横線）
藤平彬文先生

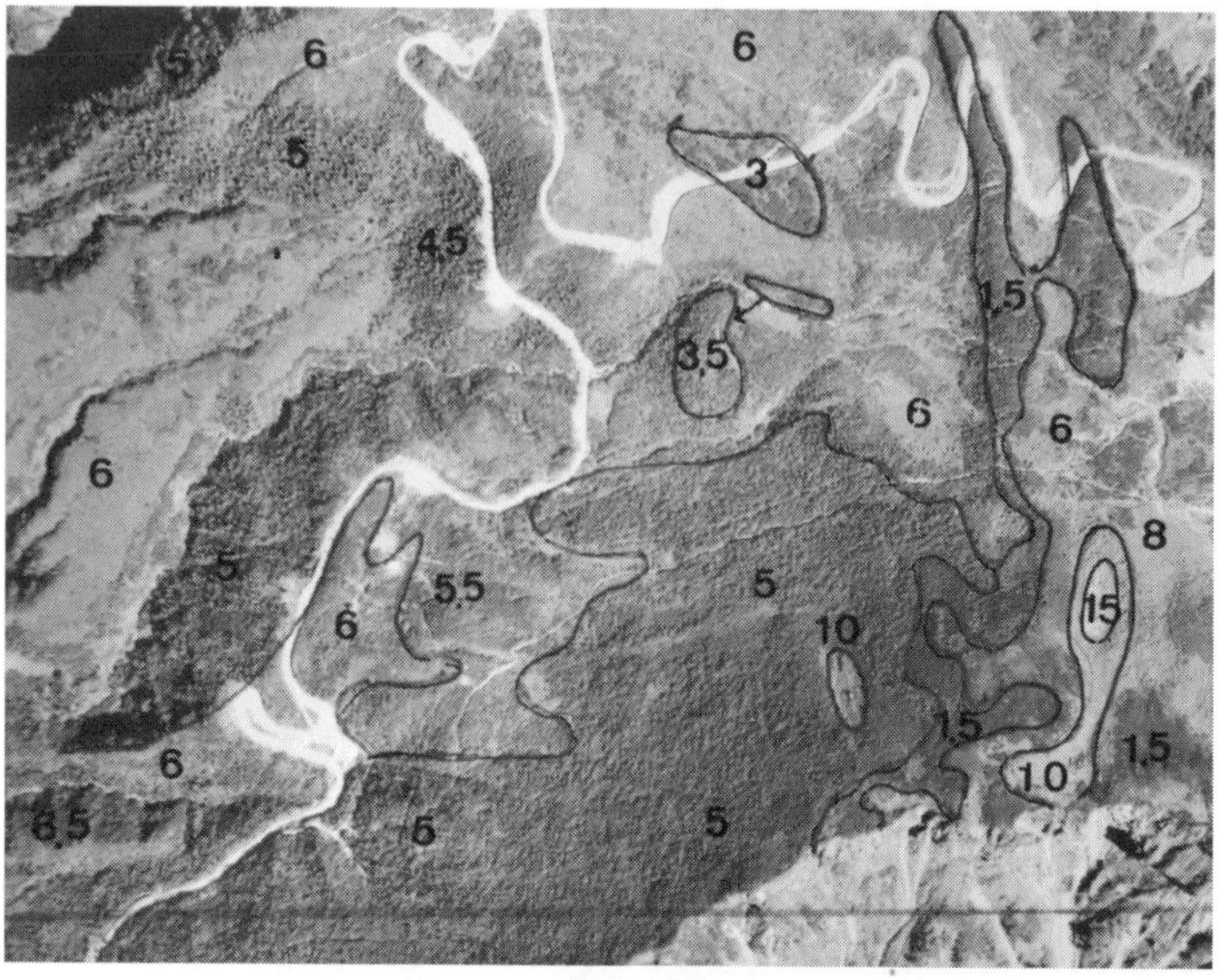

立山・美松坂における空中写真判読による積雪深（m）

美松坂（標高 2300m）、大日岳が眺望される。

旬、スゲ型高山草原七月上旬～七月中旬、耐雪性植物七月下旬～八月上旬となり、それに対応した積雪深となる。圏谷では積雪深が二〇～四〇メートルを記録する所もある。これらの植生分布を空中写真判読により把握し、全体の積雪深分布を作成するのである。

両博士は長年の観察から、無積雪期に植生指標を用いて年間の平均的最深積雪深を求める方法を開発した。例えば、ブナの樹幹には平均最深積雪深を示す位置に特定の地衣蘚苔類《ちいせんたいるい》が着生する。また、オオシラビソでは、平均最深積雪深のところで枝張が変化する。無雪期に現地調査によりその高さを測定するのである。この方法により、空中写真判読を援用して積雪深分布を正確に把握することができる。

氏は積雪深を黒部流域全域で約二・二メートル、黒部ダム上流域では三・九メートルと推定した。そして黒部ダムの積雪総水量を求めたのであった。

豪雪地の建物

立山のような豪雪地では、建築物は無雪地の設計をそのままあてはめるわけにはいかない。小笠原、藤平彬文は立山地域で堆雪を考慮した山小屋「ニューフサジ」（現在の雷鳥沢ヒュッテ）の設計を検討した。立山の卓越風は西よりの風が吹き、立山連峰は卓越風と直交して南北に起立するので、東側の谷に雪庇ができ、そこに圏谷地形が形成される。立山の室堂平の積雪は約六メートルもあり、建物の屋根も多いが風背面には相当雪が積もり、除雪費は相当大きい。ニューフサジは以前房治荘として地

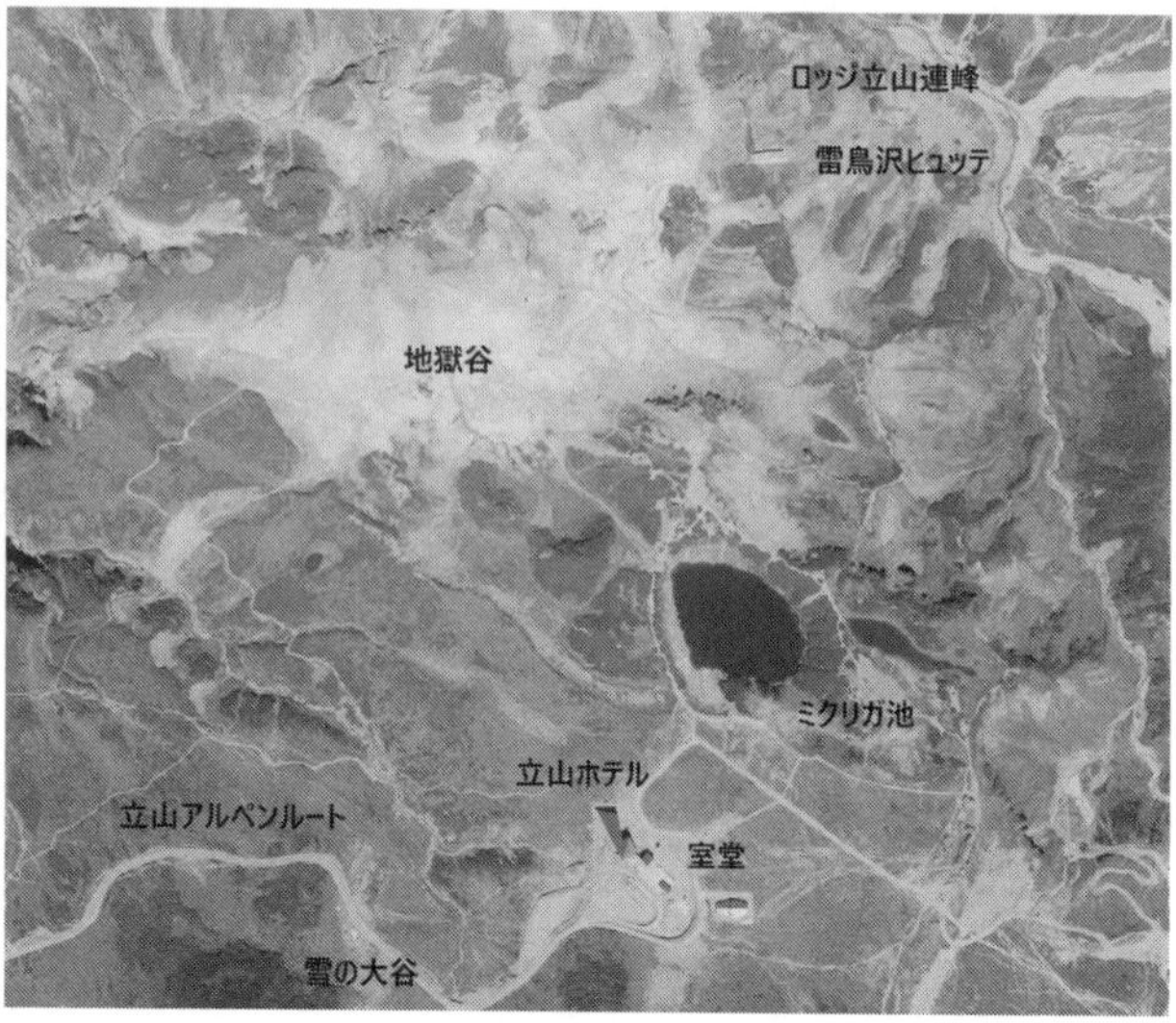

ニューフサジ（現在の雷鳥沢ヒュッテ）の位置

ニューフサジ（雷鳥沢ヒュッテ）は屋根に雪が積もらないように設計された

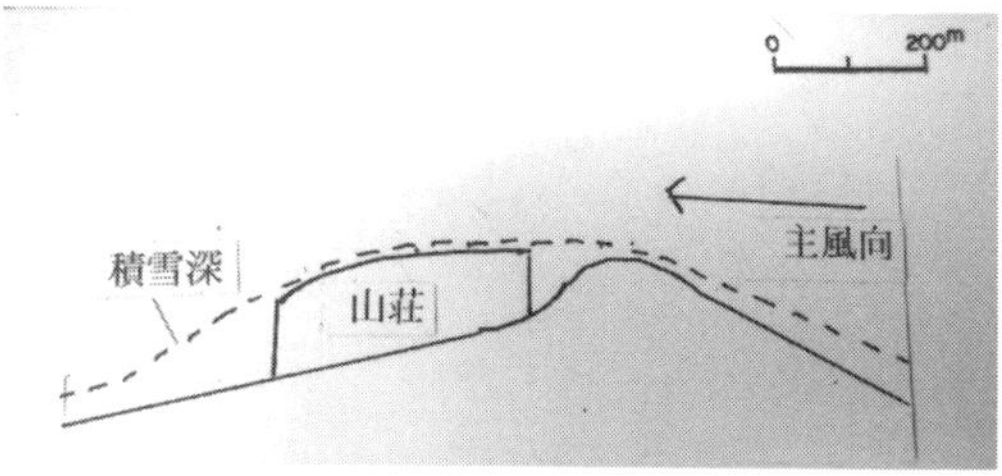

ニューフサジの積雪のイメージ

獄谷付近にあったが火山ガスの危険性から一九七五年に室堂斜面のところに移転した。その際、屋根の勾配が平均最深積雪深になるように設計されており、屋根には雪が吹き払われてほとんど積もらない。景観的にも宿の窓から奥大日連峰や雄山を眺望できる。

北アルプスの氷河（温暖氷河）

アルプスの氷河の研究は小笠原博士が最も力を入れていた一つであった。日本アルプスの氷河研究は、山崎直方博士により、氷河の氷食によってできたカール地形（圏谷）とそれに伴う堆積堤（モレーン）の存在が学界に報告されて以来、氷期における日本アルプスにはモレーンのある低位置まで氷河が発達していたが、現在氷河は存在しないというのが定説であった。

それに対して小笠原は気候学的な立場から、氷期の日本アルプスには氷河の涵養源は無かったとして、氷河が低位置まで存在していたとする説を否定した。そして現在、本来の氷河ではなく万年雪の雪圧によってできる氷河が存在

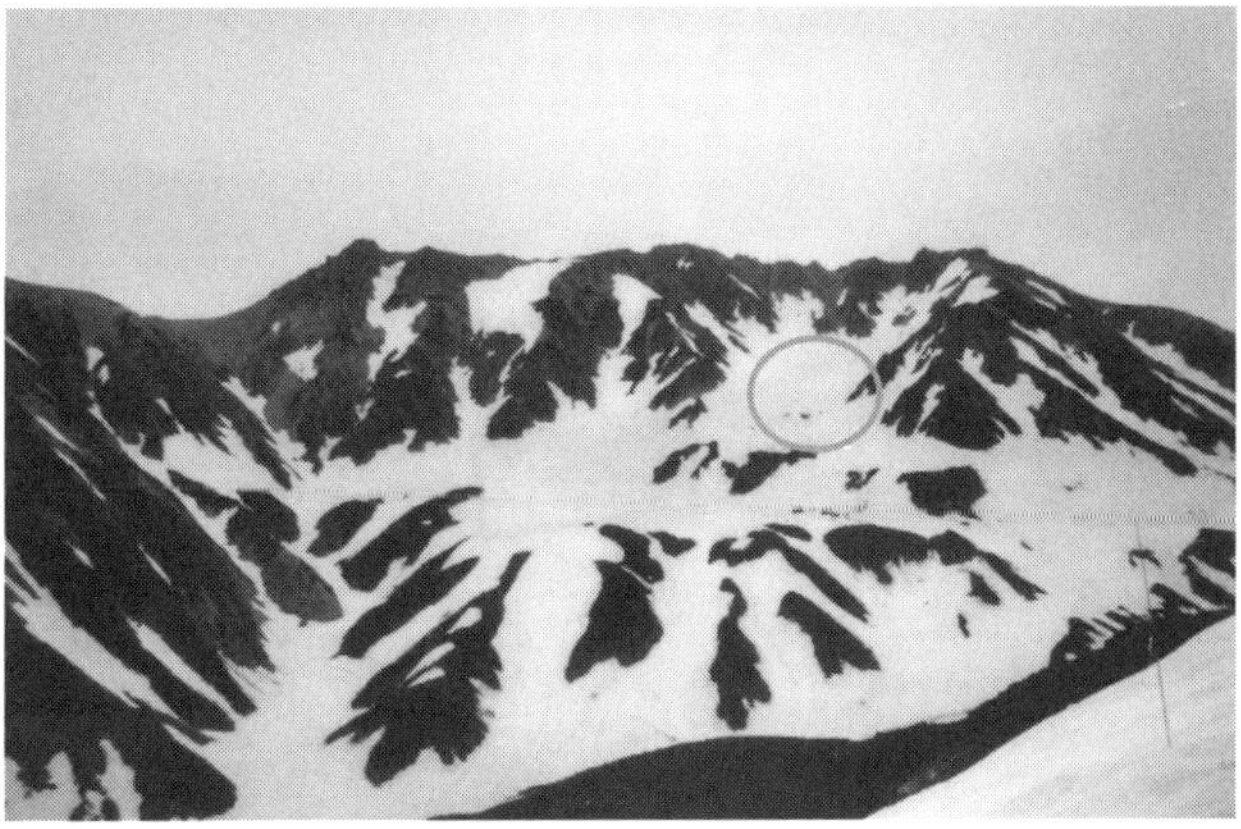

立山連峰と山崎カール（〇印）

すると して、「温暖氷河」と命名した。それは剣沢の谷頭にある万年雪を調査し流動している氷体があることがわかったもので、一般の「寒冷氷河」と異なり融雪再結氷の過程でできる氷体である。

一九六一年一〇月はじめわたくしと藤平は、剣沢谷頭にハマグリ状の網目をもつ氷体を認めた。この網目はきわめて明瞭なもので約二二層を数えた。網目は氷体形成の年層を示し氷の粘性流動によって形成されたものと判断した。粘性流動は氷片の偏向顕微鏡写真で確認される。（略）ハマグリ雪は現在の気候条件の下に形成される小規模の圏谷氷河とみなされる。（『山と水の自然』）

積雪の上を歩く雷鳥

小笠原らは温暖氷河を発見したが、このような氷体は北アルプスの各地で見られることを示唆している。そして氷期に形成されたとする圏谷地形やモレーンは、氷期でなく後氷期の雪食によっても形成可能であるとした。したがって、立山の中腹にある圏谷地形が氷期に形成されたとする山崎博士の見方を否定したことになる。何故、このような通説と異なる結果になったのか、小笠原の氷河研究の一端を次に述べる。

①小笠原らは、立山・黒部における七～八月の気温が○℃になる気候的雪線を調べ、それが約五〇〇〇メートルに当たる、また氷期に気温が仮に一〇℃低下しても気候的雪線は現在の三〇〇〇メートル級の山では、夏季の気温が○℃以下にならず、積雪は融け続ける。それにもかかわらず越年氷（温暖氷河）を残すのは堆雪のためである。それに対してヒマラヤの気候的雪線は標高約六〇〇〇メートルであるが、山の標高が八〇〇〇メートルを超えるために、雪氷を涵養している。そのような寒冷氷河と黒部立山の氷河（温暖氷河）を混同してはならないとする。

②最終氷期であるウルム氷期には気温の最低極が約二万年前に起こったとされているが、氏はその時の気温低下を約六℃と推定した。ヤマメとその親型とみられるサクラマスの分布の違いから推定したのである。ヤマメの分布の南限は台湾大甲渓で、サクラマスの分布の南限は山口県阿武川であり、氷期にサクラマスが台湾にまで分布しその後陸封型のヤマメを生じたと解釈し、両地域の水温の違いは約六℃であることからの推論である。それはイワナと同属のアメマスの分布比較からも、同じ約六℃という結果になる。

③ウルム氷期には海水準が約一四〇メートル低下したため、対馬海峡が陸続きとなり対馬暖流の流入が阻止された。そのため日本海の表面積は減少するだけでなく、冬季には結氷した海面からの水蒸気量が減少した。氷期の降水量は、平均気温が氷期に似ていると想定される北海道の稚内を検討し、現在の約四〇％と推定した。シベリア高気圧が、現在より南下して太平洋にあったと考えられるとして、日本は高気圧に入っていたため、氷期には季節暴風と豪雪を起こす条件はなかったとする。

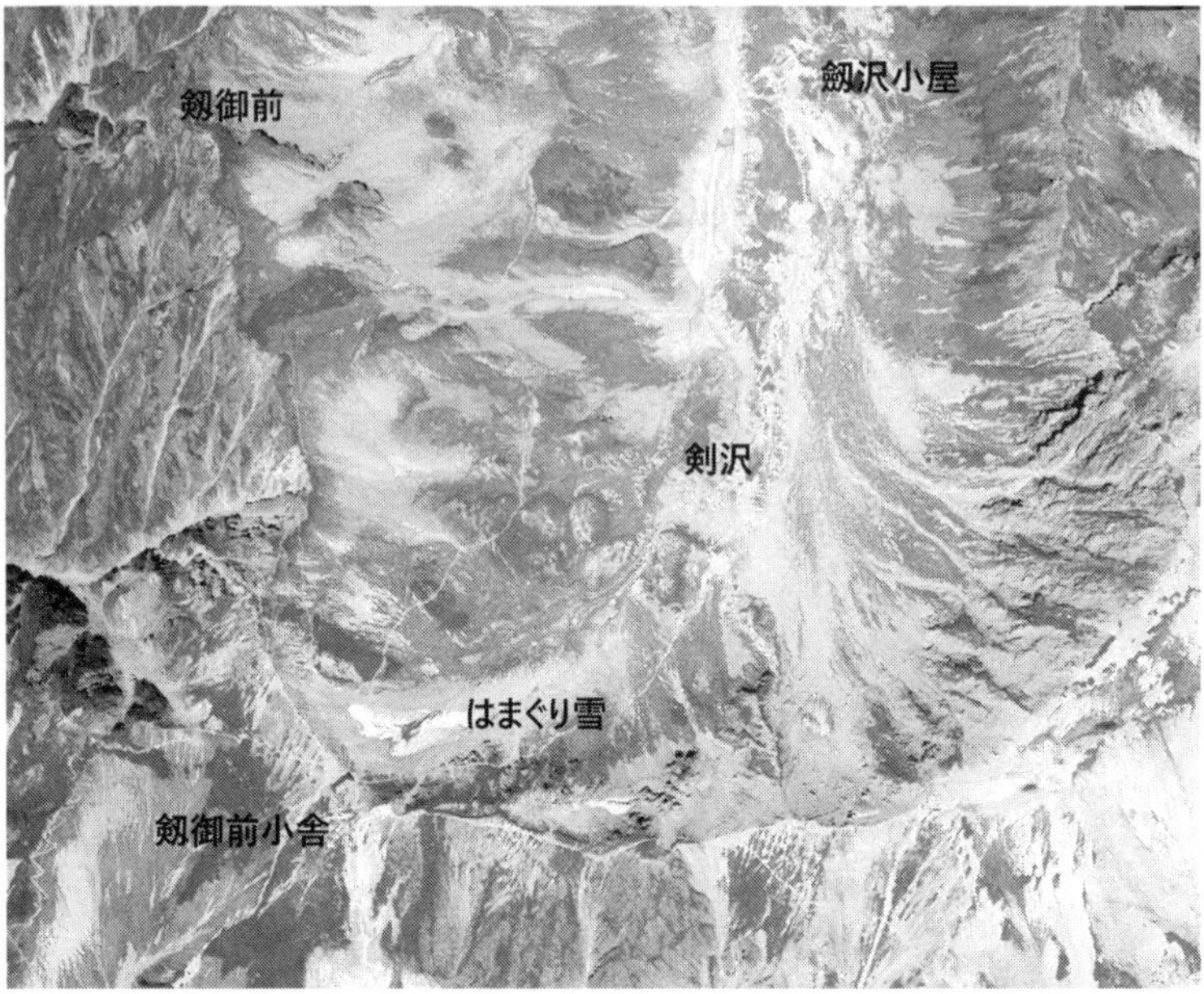

剱沢谷頭で発見した温暖氷河（はまぐり雪）

剱沢谷頭のはまぐり雪（『北アルプスの自然』）

④現在標高二六〇〇メートルに形成されている黒部立山の圏谷地形は、氷河によって削り取られたものでなく、後氷期の豪雪による雪食が繰り返された結果によるもので、雪のクリープ現象とみなした。圏谷は急斜面で積雪が積もりにくい上に、花崗岩などで風化しやすい地質であることが指摘される。

⑤自然地理学者はモレーンの観察から低位置氷河論まで脱線した。しかし氷期の気温が六℃くらい下がっただけで、低地にまで氷河が流れたなどとはとても考えられない。

近年、立山連峰で初めて氷河が発見されたとする報道がなされた。それによると、二〇一二年に立山の御前沢、剣岳の三ノ窓と小窓の各雪渓に流動している氷河が認められたとする。そして小笠原らの発見したハマグリ雪はその後の調査で流動が直接測定されなかったという報告もあり、見方が分かれている。いずれにしても、近年初めて発見されたとする氷河は、小笠原・藤平が定義した温暖氷河に相当しており、小笠原の示した氷河論の大筋はゆるがないように思われる。

後氷期の気候

第四紀のウルム氷期が終了し、約一万二〇〇〇年前から現在までは後氷期といわれる。

富山県の立山火山は、約一二万年前に成層火山より火砕岩が噴出してカルデラが形成された。その後、室堂平の西に位置する天狗山（二五二一メートル）等の溶岩が流出し、地獄谷でも爆発があったとされる。一九六八年に小笠原は、立山有料道路の天狗山付近にあるブナ坂（一一〇〇メートル）の地層から、ミズナラの炭化木を発見した。その年代鑑定から、天狗山火山の形成年代は三万二〇〇〇年以前ということがわかった。これは立山火山の編年を説く鍵となった。

　これまでの説では、後氷期より前の第四紀更新世が豪雨洪水期であったとされていた。小笠原は氷期が終了してから現在にかけての後氷期が、むしろ多雨期であり、雪や降水量、洪水が増大したと見る。その理由は、更新世の段丘の河床礫のサイズと、現在の段丘の河床礫とを比較すると、前者のサイズが小さく河床が安定していたと想定されるからである。このような河床礫の証拠は、黒部川、常願寺川等のいたる所で観測されるとした。

　氏によると、ウルム氷期の最盛期には、日本海の水温が約六℃低下し、現在の六月中旬～九月中旬の夏の気候が欠けていた。しかも、氷期には梅雨現象はなく、台風の襲来も非常に少なかったと推定した。いずれにしても、氏は後氷期の諸問題を調査する時には、学際的なアプローチが欠かせないと言っている。

河川の水温

工業用水は、大部分が冷却用水であるから水温は低いほど良いが、農業用水はそうではなく、平均水温一℃の低下が反（一〇アール）当り一五キログラムの減収になる。地下水温度の年較差は三℃と小さいが、河川の水温は季節による差が大きい。小笠原は山形と富山の河川水温と積雪の関係を詳細に調べ、次の事を明らかにした。

①前冬が多雪か小雪かで、夏の河川水温に大きな相違を示す。凶作も夏の気温低下や日照不足より、河川水温の低下が影響する。

②富山の河川では、黒部川水系は多雪であるため他の河川より水温に影響している。また黒部山地の積雪水量は、年降水量の約三割を占め、融雪は九月まで生じるので水稲栽培の全期間に影響を与える。水田の水温が低下すると、根の発達が弱り減収の原因となる。

③ダム式発電で河川水温が低くなる理由は、ダム貯留のためよりも、水が長い「水路トンネル」を通過することによる。

④黒部扇状地では冷水対策として、客土を流水に溶かして水田浸透を抑制することにより水温低下を防ぐ「流水客土」を行っている。その対策を推奨し稲の増産に成功した。

水濠の秘密

高岡市の中心市街にある高岡古城公園は「日本の一〇〇名城」になっており、桜や紅葉の景観、市民の憩いの場として親しまれている。「高岡万葉まつり」もこの会場で行われている。高岡城は江戸時代に加賀前田家二代の利長が一六〇九年に高山右近の設計により築城したものとされている。その後一国一城令により廃城となり明治時代に公園化された。ただ城址の周りの濠は当時のまま残されており、いまだ涸れることなく夏でも減水しない謎を秘めていた。

小笠原は、一九六四年に高岡市の依頼により高岡城の「水濠の謎」に挑戦し、水温や透明度等の水質調査を行った。その結果、伝説では底なしの濠と言われていたが、実際の水深は桝形濠で四〜五メートル、体育館付近は二〜三メートルであった。本丸の濠は外濠より約二メートル低く、外濠の水が段丘礫をとおして本丸に入る設計になっている。そして桝形濠への湧泉量については、次の結論を得た。

①地表面から約八〇メートル掘り下げなければ自噴はしないので、当時の掘削技術ではそれは難しく、結局、庄川地下水が洪積層を通じて桝形濠の底へ導かれており、濠の湧泉の水温は、井戸の調査から一三・五℃である。

②桝形濠の面積は一万三〇〇〇平方メートル、平均水深四メートル、水深三〜四メートルのところで水温が急変すること、湧泉のない区域の平均水温は一九・七℃として、そこでの湧泉量は総水量の二四%である。

③湧泉区域の面積は四〇%に当たり、平均水深の四分の一が冷水塊（一八・二℃）になっており、年間湧水量は五〇〇〇立方メートルである。

④桝形濠への降水流入量は、高岡の降水量二三〇〇ミリメートル、濠面蒸発散量八〇〇ミリメート

ル、周辺陸面からの流入は三〇％であることから、桝形濠への流入量は二万五〇〇〇立方メートルとなる。これに地下水流出量五〇〇〇立方メートルを加えた三万立方メートルが桝形濠を涵養している現存量である。

⑤満水と渇水の差がわずか六〇センチメートルであるが、豪雨の時には外部に排出する仕組みになっている。

⑥高岡城は廃城となったが、古城公園として原初の姿を維持し続けたことは賞賛に値する。

以上が、小笠原の「水位が六〇年間変らない」水濠の解釈である。

氏によれば幕府の一国一城制が行われた時、前田家は高岡城より金沢城を選んだ。それは前田家が徳川家に刺激を与えないためではないかと推測する。実際には金沢城は守備の面から見れば高岡城にはるかに劣っている。そして氏は人工美の金沢兼六園より自然美に優れた古城公園を好んでいる。

一方、高岡城を設計した高山右近は、信長、秀吉の戦陣に抜群の軍功をあげた名将であり、すぐれた築城家であった。右近はキリシタン信仰のかどで城地を召し上げられ、前田家に長年寄食していたが、徳川幕府の厳しいキリシタン禁制により国外追放となり、フィリピンのルソンに渡り、まもなく病死した。小笠原は、その右近を偲んでいる。

わたくしは若い頃から高山右近が好きで、三〇代から四度もフィリピンを訪問したがいつもマニラ南へドライブし、ラグナ州やバタンガス州など異郷に長逝した右近の遺跡を弔っている。

（『山と水の自然』）

一方、小笠原によれば千代田（江戸）城は土地が開け四通発達したところにあり、結構の雄大さと品格の高さにおいて断然一頭地を抜いている。地下水の枯渇が懸念されている中で、水道用水で補っているにしろ水位が下がっていないのは、築城家の入念な施工技術があったからである。千代田城は世界の文化財である。

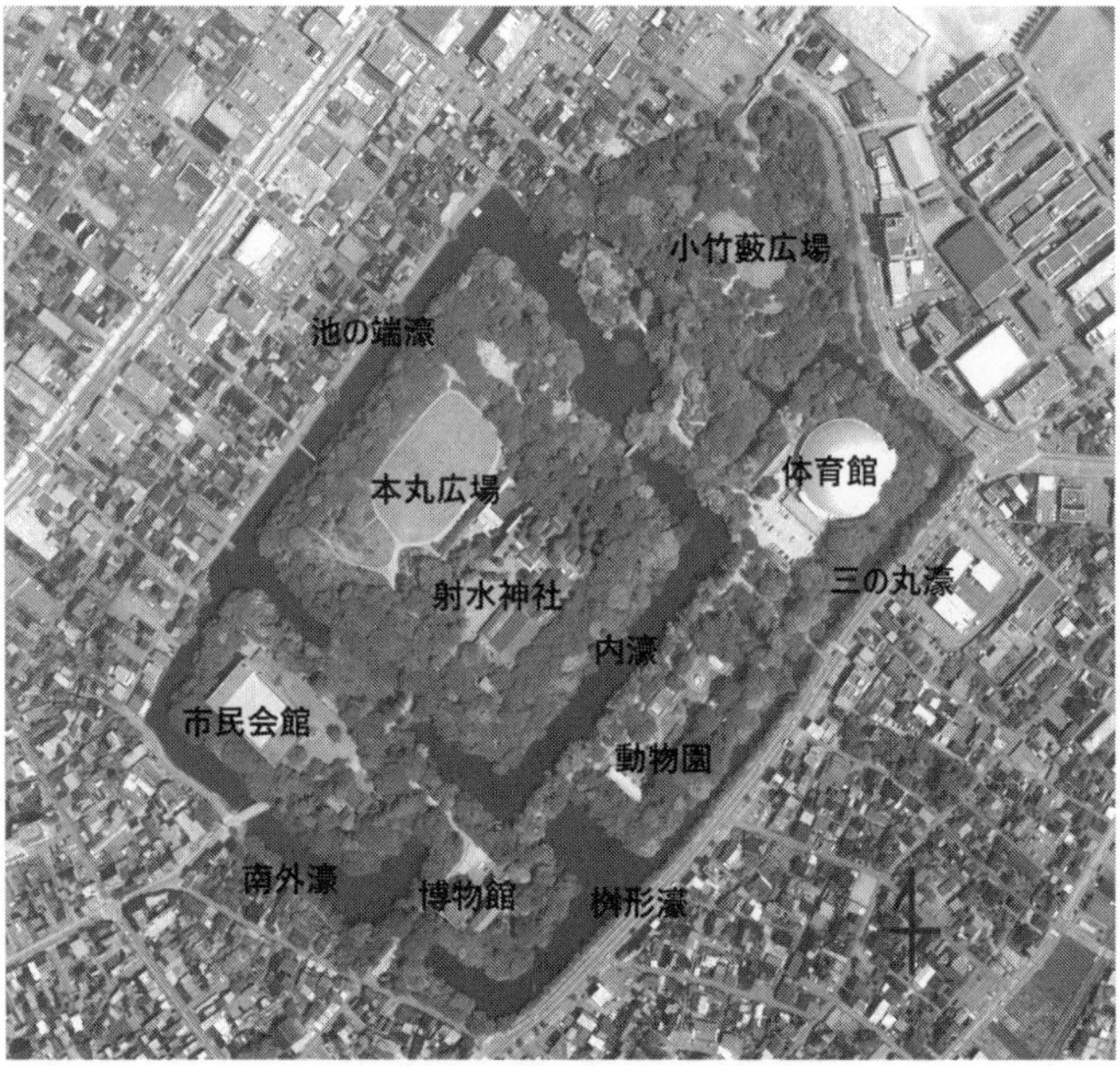

高岡古城公園（2007 年撮影）

第5章　水資源と防災の追求

小笠原博士は一九六五年に富山大学を退官した。

「これで人生の勤めが終わり、これから悠々と最後のまとめ」と思っていたところ、芝浦工業大学の招聘《しょうへい》を受けた。最初ことわったが再三頼まれたので、「講義には全責任をもつが、一切の雑務はお断りする。その代わり報酬は安くともよろしい」と、引き受けた。当時の服部学長は蔵前の東京高工が電気、東北帝大が物理と、小笠原の同窓で四年先輩であった。学長は「講義や研究よりも雑務が好きだという教師もいるのに、変わった先生もいるものだ」と笑っていたという。

小笠原は知人の山県大が世話した東京目黒にある借家に住んでいた。山県は黒部の調査で地下水調査に係わった水の専門家であり、特に放射状井戸として知られる満州井戸のコンサルタントをしていた。

退官した年の一〇月に氏は芝浦工大教授になり、翌年工学研究所第一所長と水資源開発室を兼務した。当時は学園紛争が全国的に広まり、大学の自治や社会の改革などを目的とした学生運動が盛んになっていた。それは六九年の東大安田講堂事件へと発展していった。小笠原は大学の教授会は休まなかったが、教授会に出席すると大声で自説を主張するとたちまち帰宅したという。結果として、氏は大学紛争に巻き込まれることなく調査研究を続けることができた。そして立山黒部の調査に暇と金があり次第出かけていった。老学者が登山姿で学会発表し、その足で黒部立山の三〇〇〇メートルの山々を登ったのである。だが、氏は過去四〇年間教師をしていた経験から、学生運動の本質を深く考えていたのである。

現代は歴史的社会的に重大な危機に立っている。平和に対する危機と人間疎外に由来する絶望感からいかに解き放たるべきか。(略)わたくしは現代学生運動の歴史的社会的意義を認めざるを得ない。しかしながらその方向を見失ったならば容易ならざることになる。高等学校の終りころから大学のはじめにかけては人間形成の重要な時期である。世界とか人生とはなんであるか。自己はどのように社会に位置付けられ、その中でどう生きていくのが正しいか。広い見地に立って歴史的重大性を見つめ、社会と自己の存在を統一的全体的に見て行く必要がある。これを世界観とか、人生観というのである。(『教養物理学』)

小笠原は学生が世界観の樹立に役立つようにと『教養物理学』を著した。それは物理学の発展を人間の自覚の歴史とみて、自然法則等が成立する根拠を数理的に解説したものである。

私は一度だけ小笠原先生の授業を教室で聞いたことがある。暑い夏の日であった。学園紛争のためか、教室には多くの学生が集まっていた。そして授業が始まっても学生はだらだらした。しかし小笠原のユーモアあふれる授業が進み、やがて氏がワイシャツを脱いで下着一枚で汗をかきながら話し続ける頃には、学生たちは小笠原を食い入るように見つめ話に聞き入った。「この先生は、何かが違う」と、学生は直ちに悟ったのである。授業が終わると、学生たちの表情はみな明るく、授業を聴講した満足感が漂っていた。

小笠原は一九七〇年にアジア航測㈱の技術顧問になり、私を含む会社の若手技術者を指導した。アジア航測は満鉄（南満州鉄道）の関連会社である満州航空の技術者らが中心となり、一九四九年に創業して五四年に設立された航空測量会社である。空中写真から地図作成を主力業務としていたが、次第に治山治水等の防災や環境、都市計画などの調査設計に業務を広げていった。東京大学生産技術研究所が黒部地域の雪の調査研究を行っていたことがきっかけとなり、富山大学時代の小笠原とアジア航測の連携が始まり、小笠原が芝浦工大教授として上京したのを機に、会社の顧問となったのである。小笠原は会社には週に数回来られたが、ベレー帽をかぶりステッキ姿でさっそうと歩く姿が印象的であった。学問には厳しかったが、常にユーモアのある話し方をした。氏は「君！　そうではないか」と技術者に問いかけた。その言葉に誰もが反論できるわけもなく、その強い個性に引き込まれていった。だがその言葉が深い思想から発していることに気づくまで長い時間を要することにもなった。その当時、氏は既に北アルプスの山々を踏査して、研究成果を次々に上げていた。会社の研修として、氏はわれわれ技術者を立山黒部で指導したのである。今思えば、民間会社にあって何という贅沢な研修であったと思う。

立山黒部の研修

一九七〇年八月上旬に小笠原のご指導のもと、会社の技術者七名が参加し、立山黒部の研修が行われた。小笠原は富山を去り東京に移ってからも北アルプスの自然にひかれていた。氏によれば、会社の技術者は環境科学に必要な気象学、気候学の知識に欠けており、自然の総合的解決に大きな障害となっている。それが研修の動機であった。その研修には富山の高校教師藤平彬文氏と富山大学等の岩石や雪氷の専門家も同行した。研修は立山における雪と植生の関係や山地崩壊を調べる目的で行われた。小笠原はすでに七〇歳を超えていたが、三〇〇〇メートルの山を難なく歩いてこなした。調査一行は夜行列車で上野を発って翌朝富山につき、駅から立山の室堂平まで電車とバスで乗り継ぎ、室堂平で昼食をとると、雷鳥沢で氏の雪や雪崩の説明を受けながら標高二八〇〇

立山連峰に登る小笠原博士（右から 3 人目）
（1970 年黒部立山研修で若者に杖で引かれている）

メートルの剣御前へ上り、それから雨の中を二〇〇メートル下って剣沢の剣山荘まで脚をのばして宿泊した。夕食では、氏は若者に交じって酒を飲み交わした。藤平先生は雪、動植物、地形地質に詳しい人であったが、夕食では酒を四合くらい飲んだところでその日の調査の要点を話すのであった。二人の大学者はいつも、われわれが寝ている未明に起床し、調査について真剣な議論をしていた。われわれ若手技術者に対して、小笠原は調査や測定を強制したことはなかった。氏の研修は堅苦しいところはなく、楽しい語らいの場であった。このような研修は毎年のように続けられた。

アジア航測の研修報告書は、『常願寺川水系立山学術報告書』（一九七八）として取りまとめられている。その報告書で小笠原は、「立山火山の古気候学的編年」を検討している。氏によれば、立山地域はⅠ期からⅣ期の火山より形成されたとする。

第Ⅰ期：火山活動は約一一万年以降に開始された。そ

小笠原博士を囲んで（アジア航測の社員、前列：左より斉藤、小笠原、網野、後列：左より丸山、長岡、丸岡、成田）

の証拠は美女平付近にある柱状節理の安山岩である。
第Ⅱ期：約八万年前に溶結凝灰岩が流出し弥陀ヶ原や称名滝をつくった。
第Ⅲ期：天狗平の火山が約三万二〇〇〇年前に噴火した（小笠原が発見した炭化木の年代鑑定結果による）
第Ⅳ期：地獄谷他の水蒸気爆発、温泉活動

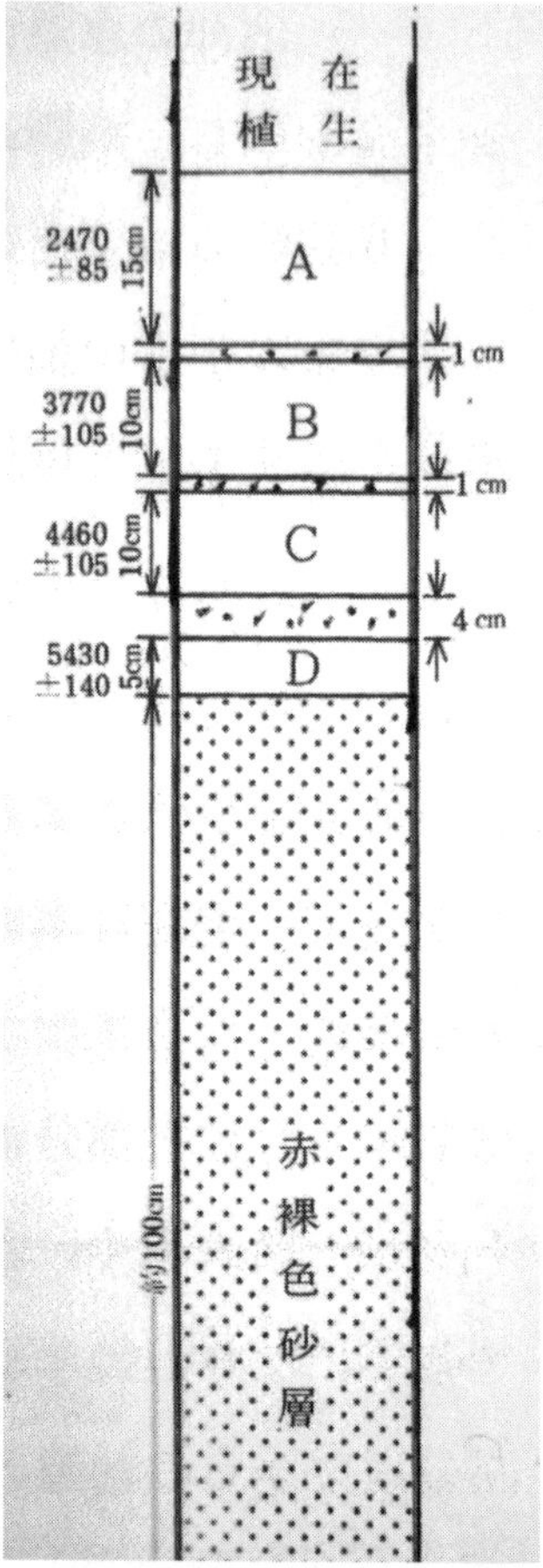

立山室堂における四層の泥炭層
（年代測定A～Dは写真の①～④に対応）

常願寺川水系の称名川と立山カルデラの水を集める真川は、現在千寿ケ原で合流している。しかし溶結凝灰岩が流出する前は、両河川は高標高にある上ノ子平付近で合流していた。
また研修をとおして、立山の植生に関する古環境が明らかになった。立山室堂における土壌には図で示すようにA～Dの四層の泥炭層があり、その時期に植物が生育していたことがわかる。最下層のD層の年代は五四三〇±一四〇年前であり、後氷期の温暖化により室堂にはその時期に植生が侵入したことになる。その下層には植生が認められない赤褐色砂層の厚さが一メートルあることから、年間堆積量を約〇・一ミリとして一万年もの間無植生であったことになる。泥炭層の間には三層の砂礫層がありこの時期に植生が途絶えたことが想定される。その原因は砂礫層に火山灰が含まれていないことから気候の寒冷化のためであったと考えられる。

室堂における4層の泥炭層（植物侵入したA～D）の年代測定

森林堤防型砂防工法

常願寺川の上流域には約八万年前に噴火した立山カルデラがあり、その崩壊が治山治水を限りなく難しくしている。一八五八年には五色ケ原壁が崩壊してカルデラ内に数カ所のダムができ、そのダムが決壊してカルデラ内の温泉等で多数の死者を出した。このような土砂災害等を防止るために、政府はオランダの土木技師デ・レーケらを招いて、今日の治山治水の基礎が築かれた。一八九六年に河川法、九七年に砂防法が交付され、常願寺川は砂防の発祥の地とも言える。

立山カルデラのような圏谷状大崩壊地での崩壊土砂は極めて厚い。土石流の流れを食い止めるために、コンクリート平板ブロックを流れに直角に配置、固定することは難しい。転倒する上に施設が埋没するからである。そこで小笠原と藤平は、伝統的な河川工法である霞堤防や森林堤防の原理を応用した砂防工法を検討した。

霞提防は平野部へ洪水が殺到するのを抑制するために、堤防を一本とせず、漏斗《じょうご》の連続として一時的に水田に蓄える方法であり、洪水が終われば水が本流に帰る。森林堤防は洪水が激突するようなところに森林帯をつくり、それを抜ける時に水勢が衰え土石を残し、泥水だけが水田に蓄えられる仕組みである。小笠原らの考案した砂防工法は、森林堤防型砂防工法ともいえるもので、施設を土石流に直角に数列配置するのではなくジグザグに配置するのである。その特徴は次のとおりである。

①砂防施設を土石流の流下方向に直角でなく、土石流の流速が二分の一に低減する角度でジグザグに数列配置する。そのため土石の搬量が徐々に減少し、最終的にはわずかな残余が流下する。
②土石流を防ぐには水の排除が先決であることから、森林堤防型砂工法では、砂防施設の隙間から水が下流へ十分流下する。

このような施設はダムの上流域が比較的緩傾斜の地形の場合に手軽の行うことができる。一方で森林帯の樹木の代わりに鉄筋コンクリートの円柱を数列ジグザグに植え込み、その上部にヤナギなどの灌木を植栽する方法もある。このような森林堤防型砂防工法は自然の営力に対して「無抵抗の抵抗」で対応するものである。残念ながら、小笠原らが発案した砂防施設は実際の現場に適用されることはなかったが、現在でも有効な施設ではないかと思われる。

黒部川の洪水・山地崩壊

二〇一九年の秋には三つの台風が日本に甚大な風水害を与えた。

台風一五号は九月に千葉に上陸して首都圏に暴風雨をもたらし、千葉の鋸南《きょなん》町では一時間雨量七〇ミリメートル、死者一名、全壊二九〇棟などの被害を及ぼした。

台風一九号は一〇月の夜に伊豆半島に上陸し、関東から福島をとおり三陸沖へ抜けていった。一時間雨量は神奈川県の丹沢湖で八一・五ミリメートル、総雨量は箱根で九四二・五ミリメートル等を記録した。死者九六人、全壊約二二〇〇棟などの被害を及ぼした。河川の堤防決壊が多く、国管理の七河川で一二カ所、県管理の一二八カ所で堤防が決壊した。

台風二一号は一〇月に日本列島の東を通過したが、温かい気団が列島に流入し、記録的な降雨となった。千葉の鴨川で一時間雨量八五・五ミリメートル、佐倉市では半日に雨量二四八ミリメーを記録し、平年一〇月の一月分の雨量となった。死者一〇人、千葉の河川が氾濫し多くの被害が出た。

一九年のこれらの豪雨は、平年に比べて南の海水温が一～二度高く、南の温かい気団が流入して、地形に衝突して上昇し、北方寒冷気団とあって大気が不安定となり広い雨雲を形成したことにより起こったとされている。

このような集中豪雨について、小笠原はその発生機構の解明にいち早く取り組んでいた。そのいくつかを紹介する。一九六九年八月に起こった北アルプス北部豪雨洪水では、七日から一一日の総雨量は富山では一六六ミリメートルと少なかったが、立山室堂で九八一ミリメートルを記録した。黒四ダムは融雪水と梅雨の洪水を蓄えて七月末には満水になるように計画されているために、八月一一日に一〇〇万トンを調整しただけであった。集中豪雨は黒部川の愛本ダムを破壊流出し、左岸の決壊により入善方面に洪水が殺到し、二八棟が全壊流出するなどの被害を及ぼした。この豪雨は当初原因不明の突発的事件とも言われていた。

小笠原はこの前線性豪雨の発生機構を検討し、その原因を下層ジェットとして解釈した。従来このような豪雨は「湿舌」と言われていた。通常のジェット気流はアメリカの気象学者ロスビーが発見したもので、それは冬季には緯度三〇〜四〇度を中心に、高度一万メートル以上に現れる平均風速五〇メートル／秒の偏西風である。夏には緯度五〇〜六〇度に退却して平均風速二五メートル／秒の強風となる。小笠原はこの考えを下層に当てはめ、南北方向の温度勾配の影響をうける西風の温度風として解釈した。下層ジェットは日本海の水蒸気をジェットの中にとり込み、地形的障害物にあうと大雨を降らせることになる。その南北幅は三〇〜五〇キロメートルと狭く、高度数キロのところに風速一五〜三〇メートル／秒の強風域となって現れる。

　小笠原によれば黒部川流域における豪雨発生の季節は七月に多く四年に一回発生しており、七月は融雪水が流下する時期と重なるので特に要注意である。そし

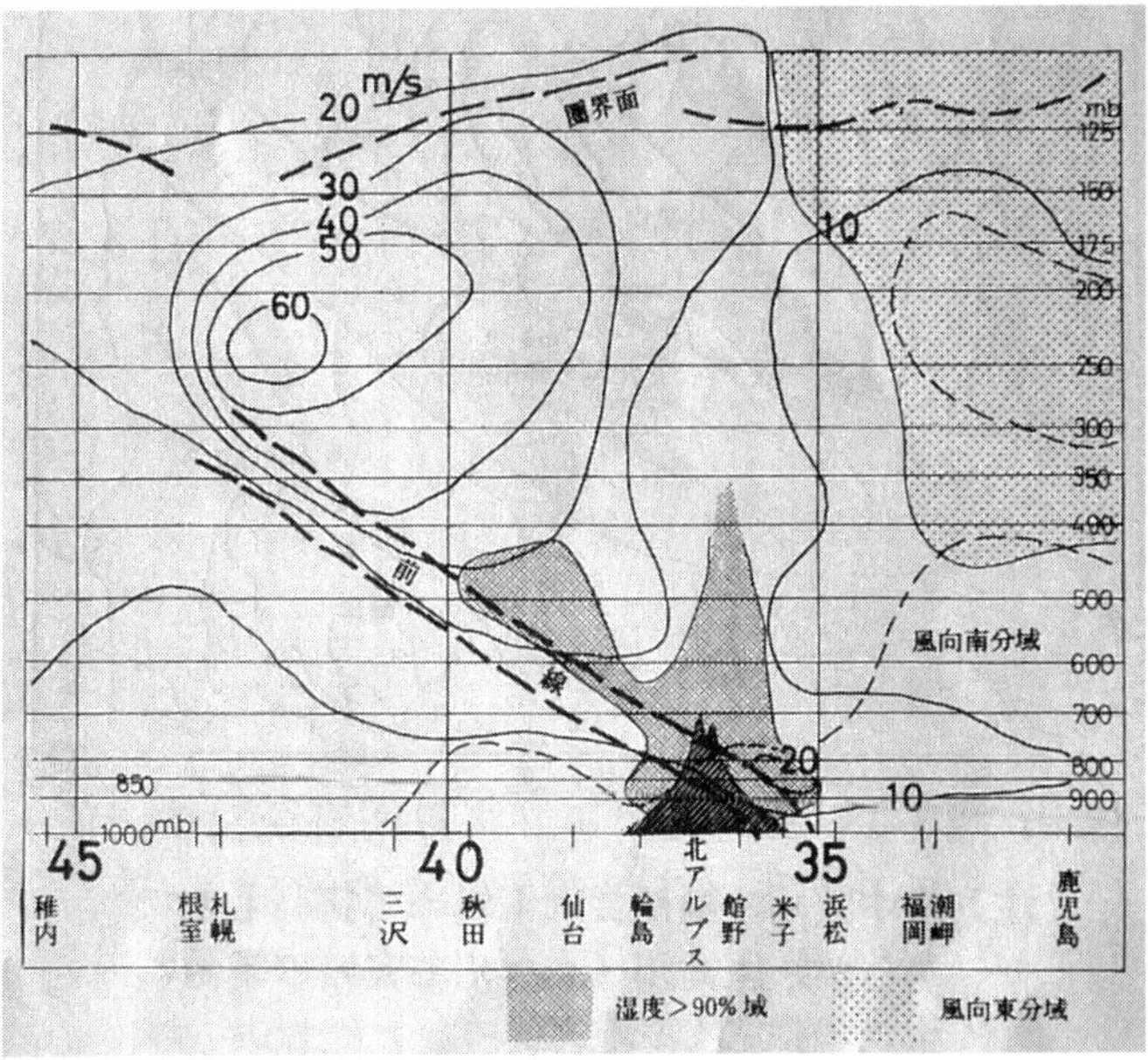

1969 年 8 月豪雨の大気断面図（250mb に毎秒 60m の上層ジェットがあり、800mb に毎秒 20m の下層ジェットがある）

て小地形的な集中豪雨が把握できなければダムの安全管理はできない。氏は災害防止対策として次の点を指摘した。

①集中豪雨を的確に予測するためには、浄土山頂に気象レーダーを設置し、上流部に無線ロボット雨量計を設置する。

②各地方気象台は豪雨、雪崩、融雪出水、豪雨洪水等の「気象災害の暦」を作成して活用するとよい。梅雨前線性の豪雨であれば梅雨明け前後の一週間だけ一人の防災気象担当者を置いて監視する。

③「警報」が関係市町村の末端までもれなく伝達されるようにし、特に集中豪雨に対しては下意上達が活発に行われなければならない。豪雨時の総降水量は平野部で少なくても山地で多く、経験の浅い気象担当者であれば、平野部の値を見て警報を解除するかもしれないので注意を要する。

一方、北アルプス北部豪雨については山地崩壊の要因が検討された。アジア航測の斉藤博士は黒部川流域の空中写真判読より過去数年間の山地崩壊分布図を作成し、豪雨との関係について地質学的な分析を行った。それによると奥黒部地域の崩壊は標高一三〇〇〜二一〇〇メートルで多発していることがわかった。小笠原らは地形侵食を食い止めているのはハイマツであることに着目した。ウルム氷期に気温が六・五℃低下した場合、ハイマツの極相は現在の二六〇〇メートルから一五〇〇メートルに低下する。氷期にハイマツが低標高へ移動すると、その上部に崖錐性《がいすいせい》堆積物が分布することになり、後氷期に気候が温暖化した時にその堆積物が崩壊したとする。そして小笠原は八月豪雨による黒部川流域における崖錐性堆積物の量は崩壊率〇・九％であることから約二億トンと推定したのである。これらがやがて黒部ダム等へ流入する可能性があるとした。現在立山黒部の崖錐性堆積物のある高位緩斜面にはオオシラビソが分布している。これらの地域は国立公園になっているので、景観を守るためにも治山砂防対策により崩壊を防ぐ必要がある。

集中豪雨の原因追及

小笠原は一九四六年から五九年の一三年間にわたり山形県気象災害対策本部で指揮を執り、気象台と県の連絡を密にし、官民一体の防災体制をとり、全国の規範とされた。氏によれば豪雨発生には「台風性豪雨」と「前線性豪雨」の二種類がある。山形県における豪雨の特徴は次に示すとおりである。

①台風性豪雨では、台風中心が太平洋沿岸を通過する時には豪雨が主（洪水警報）となり、台風中心が日本海沿岸を通過する時には暴風が主（火災警報）となる。豪雨の中心は最上川上流の奥羽山脈に限られる。永年統計からこの予想に狂いはない。

②前線性豪雨では、梅雨前線にともない梅雨末期か戻り梅雨に現れる集中豪雨であり、豪雨の中心は東北南部の越後山脈（朝日、飯豊、三国の山地）に限られ、北部の奥羽山脈に及ぶことは少ない。

小笠原が解析した下層ジェットの発生には二つの原因がある。第一は地形的原因で暖湿気団の収束上昇を促す場合であり、第二は前線的な原因で梅雨末期等に南北両気団の停滞前線にほぼ平行に下層ジェットが現れる。それは主として九州から日本海側沿岸にわたる。

小笠原は一九六九年の北アルプス北部豪雨とその翌日に起こった北越会津の豪雨および七一年九月の御岳山と尾鷲豪雨について、大気断面図から上層ジェットと下層ジェットの双方が出現していることを確認している。温度風理論としての下層ジェットは集中豪雨の原因となるが、上層ジェットは直接豪雨に結びつくものではなく梅雨前線の強化を促している。

房総豪雨災害

一九七一年九月の房総豪雨は千葉・勝浦の二日間総雨量五五八ミリメートル、特に勝浦の一時間雨量一二二ミリメートルはかってない記録であった。それは大原町、銚子、小見川等に被害を及ぼし、大原町では斜面崩壊等により死者一〇名、全半壊二九棟の被害が出た。落合川では豪雨をのみきれず洪水となり床上浸水三七三棟、そのほか田畑が冠水した。大原集落の斜面崩壊は表層土砂が基盤である泥岩との間で剥離崩壊したものである。大量の雨によってスギ林が土砂とともに集落を襲った。

小笠原によれば、この豪雨は下層ジェットにともなった前線性豪雨であり、房総の東側を通過した台風二五号は豪雨の補助的役割を演じたにすぎないとした。

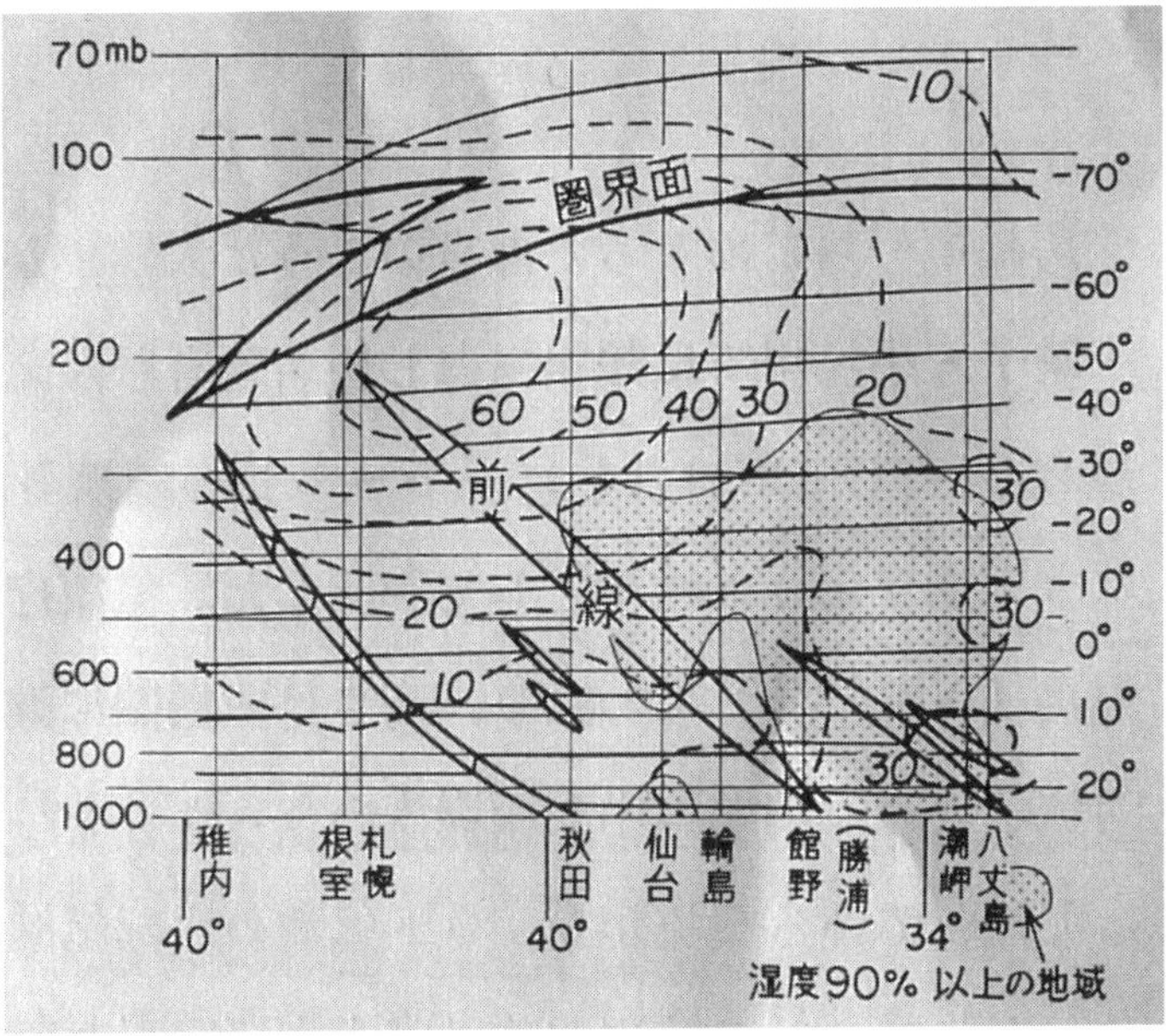

房総豪雨の大気断面図（八丈から勝浦に向かう毎秒 30m の下層ジェットがある。上層ジェットも認められる）

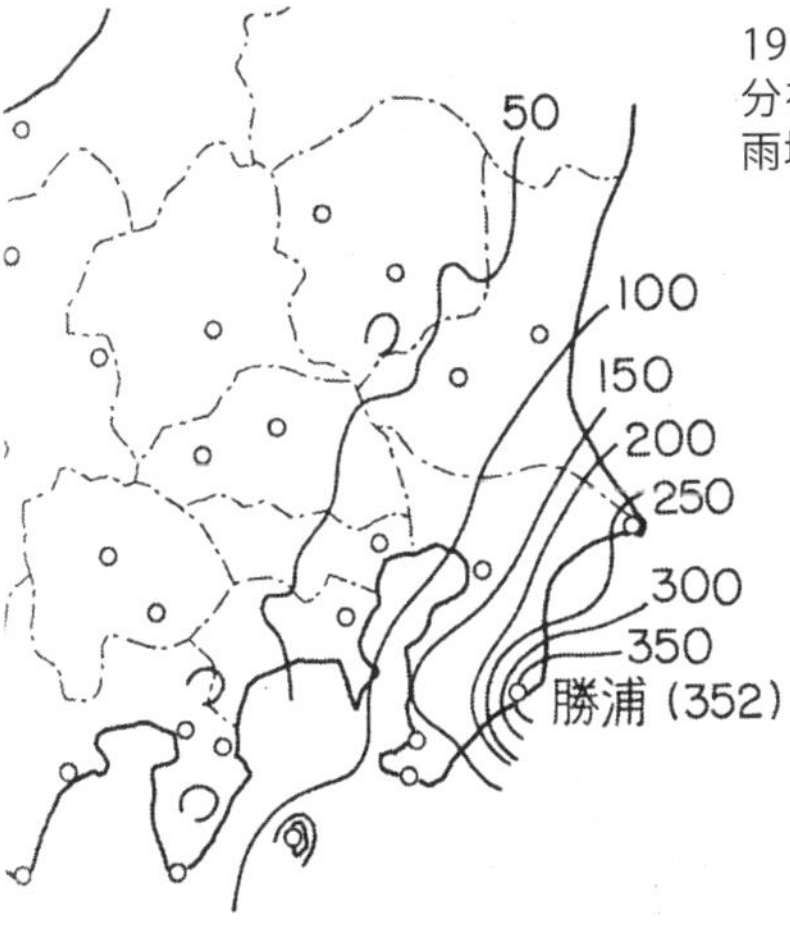

1971 年 9 月 7 日の雨量分布（mm）、勝浦では雨域が極端に狭い。

夏の梅雨は太平洋の熱帯高気圧が寒冷気団を北へ押し返すときに現れ、秋の秋霖《しゅうりん》は北方寒冷気団が太平洋気団を南へ押し返すときに現れる停滞前線上の現象である。房総豪雨の時には、札幌から秋田にかけて上層ジェットがあり、八丈島の上空一五〇〇メートルに秒速三〇メートルの下層ジェットが現れ、南西～西南西方向に伸びていた。北の寒冷気団と南の温暖気団の前線面が交わるところが停滞前線で、そこに低気圧が連続して現れる。停滞前線の暖域にジェット気流が発生し地形的効果により豪雨をもたらしたとする。そして、氏の下層ジェット理論に基づく集中豪雨は、現在の「線上降水帯」を想定させないだろうか。

氏によれば、一般に日本の降雨量は南ほど大きく、北へ行くほど小さくなる。同じ雨量でも北の地域ほど災害を起こしやすい。したがって気象災害は他地域との比較でなく、「常にそれぞれの地域の異常性として吟味すべきである」と指摘する。そしてまた、房総豪雨による崩壊は、「雨量強度」の条件が重要であることを示している。

小笠原は高速道路を建設する場合には、料金所等に雨量計を取り付けて観測と報告を義務付け、総降水量・時間降水量がある限界を超えた時には「通行禁止」にすることを提案している。今でも公共施設の建設に当たっては、防災対策として一考に値することではなかろうか。

北アルプスの自然を研究していた小笠原が、上京してアジア航測の顧問になってからは都市の環境問題に取組むことになった。一九七〇年頃になると、公害は広く環境破壊と認識されるようになり、一九六七年に公害基本法が制定された。

会社の環境部では開発事業に係わる環境影響を事前に予測評価する環境アセスメント業務を実施していた。それは大気汚染などの生活環境と動植物や景観などの自然環境に関する調査である。工場の排煙や自動車排ガスは樹木の活力度（健康度）を低下させる。樹木は、太陽光の近赤外線の反射率が大きいほど活力がある。赤外カラー空中写真は、近赤外線を赤色に発色する写真で、赤の濃度が高いほど樹木活力があることを示す。従って、対象地域に生育するマツやスギの樹木活力度を現地調査し、その結果と赤外カラー写真の濃度との相関をとることによ

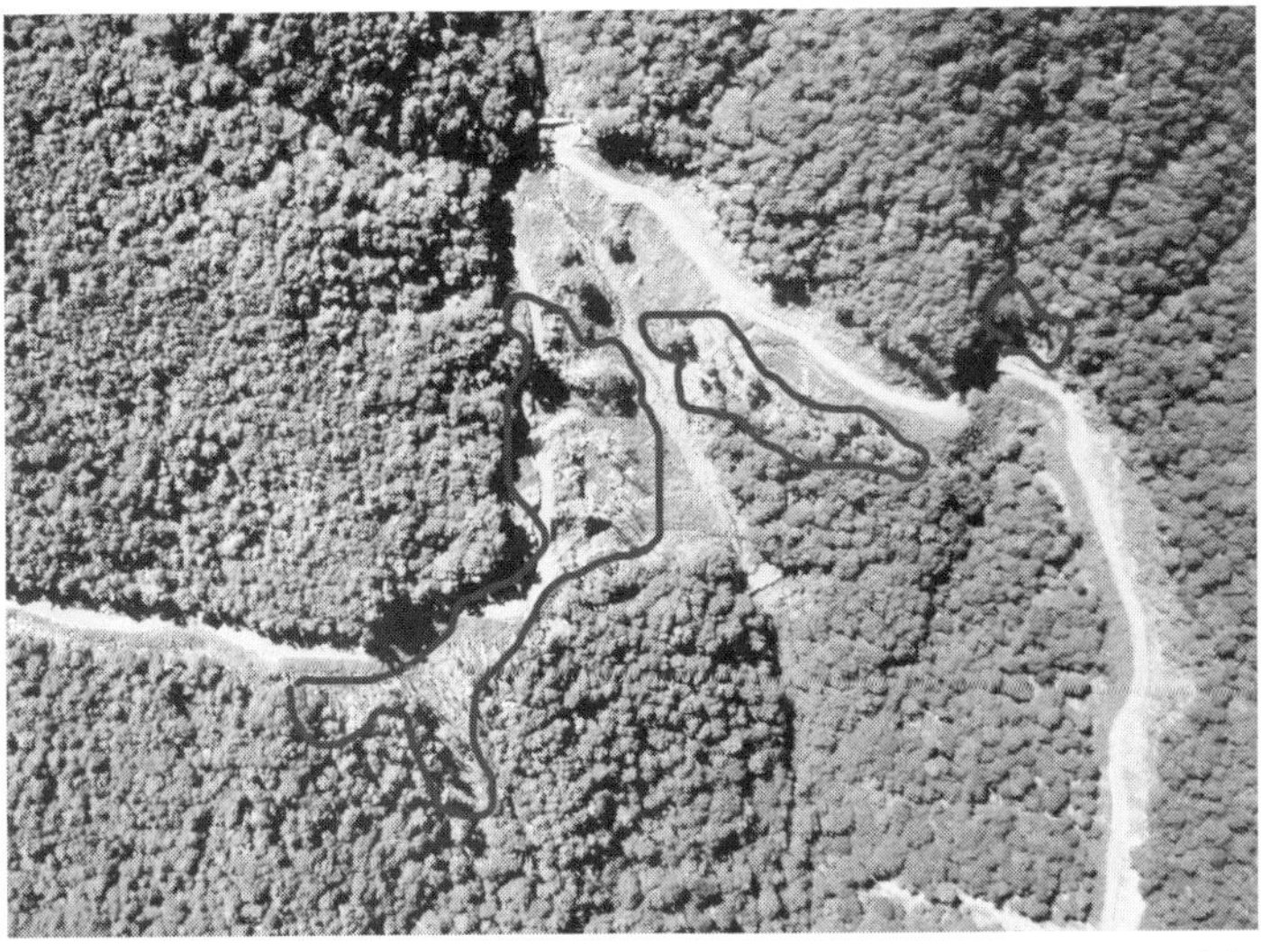

赤外カラー写真（アジア航測）：樹木活力があるほど赤く発色する。青色で囲む範囲に枯損木が多い。※ カバー折返し参照

り、対象地域の樹木活力度の面的な評価が可能となる。赤外カラー写真はアメリカによって軍事用に開発されたもので、緑に迷彩を施した要塞等をたちまち見破ってしまう。生きた植物でなければ赤色に発色しないからである。当時、赤外カラー写真は工場や道路等の周辺植生の活力を調べるために活用された。

小笠原は台湾時代に育種遺伝の市島博士等に学び、植物生理学に接していた。氏の指導の下に、われわれは明治神宮の森林等を対象として赤外カラー写真による樹木活力度調査や植物の太陽光反射スペクトル調査などを行った。それを契機として、それまで植生調査が植物生態学的なアプローチへと拡張したのであった。氏は環境部のメンバーを次のような方針で指導した。

①工業地域の公害に注目する。赤外カラー空中写真を活用し、樹木活力度、材積等を調査する。
②気候変動と植生の遷移に注目し、特に後氷期の気候と植生の推移に重点を置く。
③火山活動に伴う植物被害を調査する。
④植生の高度分布、とくに積雪と植生の関係を観察し、タブノキ等の植生の緯度的分布（水平分布）を調査する。

一方、小笠原は一九七四年七月に山形県の職員を対象に「環境と植生―ホールデンの理論を追求した四〇年間の回顧―」という演題で講演したことがあった。その内容は、同年の雑誌『地理』に掲載されている。講演には安斎徹氏や小笠原の兄小笠原信夫氏、それに私たちが参加した。

山形県で「環境と植生」について講演

山形県での講演

氏は植物生理学では光を波動ではなくアインシュタインの光量子として扱うとして、光合成や葉緑素の機能、植物のスペクトル反射率等について詳しく説明した。特殊相対性理論では質量Mとエネルギーは二元的なものではなく一元的なものとなり、光は波動性（エネルギー）であると同時に粒子性（質量）をもつ。光は波長が対象より大きいときは粒子の相を示し、対象よりも小さいときには波動の性質を表す。光合成は太陽光をうけて炭酸ガスと水から澱粉をつくり酸素を放出する。放出した酸素が炭酸ガスからでなく水に由来すること、そして大気中の炭酸ガス濃度が大きいほど、また温度が高いほど光合成速度や量が大きくなる。葉緑素は波長の赤と青が炭酸同化作用に使われ、緑や黄の部分を反射する。黄緑が鮮やかなほど植物の活力はよいことになるが、近赤外線の反射率が高いほど活力があることも知られている。これが赤外カラー写真から活力度を測る原理となっている。

その講演で氏は、環境問題を解決するためには植物と環境との相互関係を強調するイギリスの「ホールデンの環境論」が主軸とならなければならないと説いた。

私は生態学に非常な興味をもっている。植物誌や植物群落、植物社会学の研究は基礎であり、これを軽視することはできないが、生物は環境との相即における生活であり、この立場に立って始めて植物の古代から現代への変化も理解される。私はイギリスのホールデンの著述に魅せられ、四〇年間も山野を見て歩いた。（『地理』一九七四）

なお講演に参加した安斎徹氏は異色の人物であった。安斎はその時八五歳であったが、もと山形高等学校（山形大学）の教授をしていた人で、山の調査を通じて小笠原と交流があった。安斎は東北の山の開拓者であり、蔵王の樹氷の紹介者でもあった。

安斎は秋田鉱専で地質を学び鉱山会社に就職し、その後仙台の工兵第二隊に入隊した時石原莞爾と知り合い交流を続けた人である。日本が満州をはじめ中国やシベリアに勢力を拡大していたとき、政府は一九一九年に秘密裏にシベリア資源の調査団を派遣した。その調査団は官民の地質等の専門家よりなり、安斎も専門家と兵士を兼ねたかたちで参加した。その資源調査は五月〜一二月に行われたが、パルチザンの襲撃にあい、また一二月におけるマイナス四二℃の極寒の時もあり命がけの調査であった。近藤侃一《かんいち》著『シベリアスパイ日記』（一九七四）は、安斎を主人公にした資源調査の様子を描いている。その本では石原莞爾についても次のように述べている。

石原がもし東条英機にタナ上げされることなく軍の中枢におっていたなら日本の現代史は変わったであろうといい、政治、哲学、宗教でも卓越した人物として、偶像視する信者はいまもって多いが、放言、奇行は生来のものであった。

安斎は、小笠原を「机上で考えるのでなく、現場の人」であると評した。その講演後、私たち一行は小国《おぐに》地方に行き、マタギの人たちと熊の鍋料理を囲んでおおいに盛り上がった。

小笠原は都市の環境問題の深さを直ちに見てとった。敗戦後の日本は工業生産の増強を「錦の御旗」として、「毒物を含む恐ろしい排煙や排水を勝手気ままに放出し、それを悪徳と思う企業家が一人もいない」と指摘する。眼前の公害問題を見て科学の在り方に強い警告を発している。

現代の科学は生産に戦略に人類を破滅の淵にみちびきつつある。フランシス・ベーコンが夢見た「科学の栄光」はもろくも破綻した。科学に生きる人はみなこのことを自覚し、人類を破局から守る運動に参加せねばならず、環境を守る国民運動の先頭に立たねばならない。(『地理』一九七四)

科学技術は社会に適用されるときには、科学者の意向とまったく異なる動きをする。科学者は社会人である自覚をもつことが重要である。科学が社会化される際にはステークホルダー同士の熟議、科学コミュニケーションの重要性を訴えたものと言える。氏のメモには次のような「日本の科学者」に関する感想がある。

日本の科学者はやたらに文献をあさり、知識の寄せ集めに奔走している。いかに語学に堪能でも人間の読書力には限度がある。日本の科学者はむしろ科学方法の研究や反省をすべきであろう。そこから日本科学者の主体性が生まれる。玉露や銘酒を飲み、夜は十分睡眠をとりながら、悠々問題の所在を見つけなければならない。問題の発見はすでに解決への一歩なのである。(略)誰が発見しても良い。その発見には心から祝福を送る。生存競争が激しいのか、若い学徒たちは安易な問題を探して功をあせる癖がある。四〇代で寿命がつきることを忘れている。

神奈川県座間の地下水

小笠原らは一九七〇年に神奈川県座間町の地下水、河川水質等の学術調査を実施した。その結果は芝浦工業大学「工学研究所報告」（一九七〇）に取りまとめられている。当時の座間町は面積約一八平方キロメートル、人口約五万七〇〇〇人、既に東名高速道路が通っており、アメリカの極東司令部や日産自動車工場があり都市化していた。その後座間町は七一年には座間市となり、現在人口は約一三万人に増加している。

座間は南北に座間丘陵があり、その西側に相模川の沖積低地が広がり、東側に相模原台地がある。台地の表層を二〇〜三〇メートルの関東ローム層が覆い、その下層にある洪積世の砂礫層が地下水の貯留層となっている。

小笠原と山県技術士は目久尻《めくじり》川流域における地下水利用の実態と将来の水利用の可能性を検討した。水道用水と工業用水の一切を地下水で賄っており、水田灌漑用水はその期間だけ相模川の水が利用されている。芹沢《せりざわ》谷における水収支によれば、一九六三年の地下水の取水量は日量約二万一〇〇〇トンであるが七〇年には約六万トンと約三倍に増加した。その内日産工場では二万三七〇〇トンを取水している。このような小さな渓谷からこれだけの地下水量は珍しい。各谷には湧水も分布している。

調査の結果、小笠原は地下水開発総量として九万九〇〇〇トンが極限値であると推定した。これ以上の地下水開発をすれば、住宅等の都市化に伴う地下水涵養面積の減少から、井戸間の相互干渉が起こり、施設の機能低下が生じる可能性があるとした。

　氏は水資源が座間の発展を占う鍵であるとし、次の提案を行った。

①座間の地下水は日量三万トン程度の開発余地がある。その水源立地点は小池谷栗原と巡礼谷である。
②目久尻川は大変汚濁している。それがやがて地下水や井戸水に影響をあたえることが懸念される。汚染源の検討と汚染の排除方法が問題である。

　そして座間町は水を中心とする都市計画を樹立する必要があること、その際、注意を要するのは大気と水の汚染対策および自

座間の目久尻川流域周辺（1975 年）

然保護であるとした。

日本の工業は全く無計画に水を略奪し、無惨に水源を汚染した。水に恵まれた日本民族にとって、水は太陽や空気と同じく無代価なものという根強い風土的な観念がある。わずか一握りの毒物でさえ全河川の利用を不可能にする。（略）おそるべき公害の必然的発生さえ防ぎ止めることができない。水の恵みに慣れすぎて、水の欠乏に苦しむ時代は必至であり、現にそれに直面し出している。


氏は広域下水道施設の整備には長時間を要するとしても、各工場の汚染処理の義務化やごみ・し尿処理施設も急ぐ必要があると指摘した。

その調査に参加していた富山県立大谷技術短期大学の高倉盛安助教授が行った目久尻川の水質汚濁調査によると、上流から下流に至る四地点の生物化学的酸素

座間の都市化と水辺環境（2008年撮影）：
座間谷戸山公園は自然観察生態公園として平成5年に開園された。

要求量（ＢＯＤ）は三二〜一二三ｐｐｍを示し、環境基準の三ミリグラム／リットル（水域Ｂ類型）を大幅に超えている。そして汚染が心配されるのは有機物、シアンおよびクロムであろうと推察し、下水道整備と廃水処理施設の整備が必要であると指摘した。

このような小笠原らの地下水調査に関する提言に対して、座間の行政は直ちに対応し、長期間にわたる忍耐強い調査を続け、地下水保全に取組んだ。

「座間市地下水保全基本計画」（平成二八年三月）によると、テトラクロロエチレンに課題を残すものの、環境基準にかかるＢＯＤ等の水質項目は基準をクリアしている。アユの生息も見られている。平成三七年を目標とする地下水採取量は四万六八〇〇立方メートル／日としており、日産座間工場が閉鎖されたこともあるが、小笠原らの示した採取上限値の範囲内である。

基本計画では、目久尻川流域を地下水涵養の重点区域として雨水浸透施設を整備するとともに、斜面緑地の保全、湧水地での憩いの場を創出することとしている。

肝属川の水文気象解析

現在、鹿児島県志布志《しぶし》湾の沖には石油備蓄基地が設置されている。当地域は国定公園であるために、景観上の配慮から海岸マツ林と連続性をもつように、基地周囲に築堤が築かれて緑化されている。最初は石油化学コンビナート等の立地する臨海工業基地が構想されたが、住民の反対運動等により計画が縮小し、出島方式の石油備蓄基地に落ち着いた。

七〇年代に、日本の各地で臨海部の工業立地が進められている中、通産省の依頼により、㈱野村総合研究所は国土保全と調和する開発手法を検討した。それは一九七一年より三年間、瀬戸内海の周防灘から鹿児島県志布志湾にかけての西南地域を対象に、環境保全の視点から開発の許容規模を検討するものであった。学際的アプローチのもと、分析手法に生態圏、環境容量の概念を導入して、事業の開発許容量が検討された。そのプロジェクトは総合的な戦略的環境アセスメントと言えるものであった。この報告書の結果が出た後に、周防灘や志布志湾における大規模な埋立や工業開発構想は中止され、小規模開発に止《とど》まった。その調査は日本の開発行為が経済だけでなく環境保全をふまえた開発へと転換する大きなターニングポイントになった。

そのプロジェクトから依頼を受けた小笠原は、一九七〇年に志布志湾に流入する肝属《きもつき》川の水利用の可能性を検討した。志布志湾の工業開発は環境面からも住民の関心が高まっていた。小笠原は学術的中立的立場であることを明言

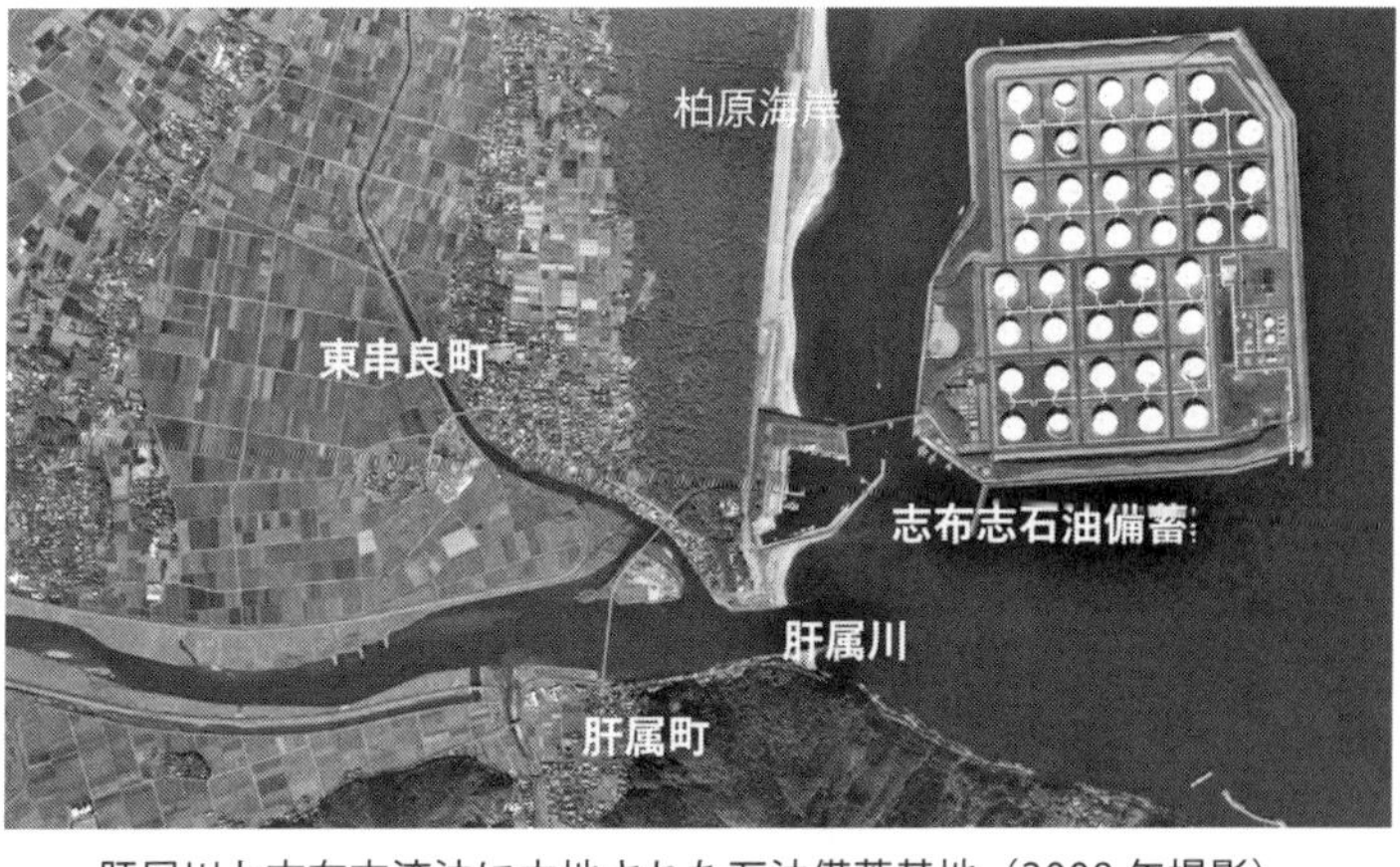

肝属川と志布志湾沖に立地された石油備蓄基地（2008 年撮影）

して、肝属川の水文気象解析を行ったのである。

肝属川流域の面積は四五〇平方キロメートル、一七年間の平均流量一〇・五億トンであるが、年変動を考慮すれば、年平均流量で利水計画を立てることは不可能である。肝属川の三カ年の降水量は雨季（四月〜九月）が一八二三ミリメートル、乾季（一〇月〜三月）が五八四ミリメートルであり、雨季の降水量は乾季の約三・一倍となっている。

このような条件のもとで、最小の平均渇水量をもとに断水することなく利用水量の上限をどのように設定するかが最大の課題であった。一方で年降水量は二四〇七ミリメートルであるのに対して年流量は二三五〇ミリメートルとなり、その差五七ミリメートルは蒸発散量として小さすぎるとして、小笠原は他流域からの地下伏流水を想定した。斉藤敬三博士が地質調査を行った結果、肝属川は菱田《ひしだ》川流域と田原川流域から越境伏流水を受けていることがわかった。結局、肝属川の流量は両流域の一部からの降水量が加わったものと解釈され、水収支の整合性が図られた。そして肝属川の水収支解析から、氏は次のような提案を行った。

①将来の産業都市は半外洋性の港湾でなければならない。その点、志布志湾は工業基地として国際的にも最も優れた条件を備えている。
②水収支解析の結果、肝属川だけで工業開発に必要な日量一三五万トン（菱田川を合わせて約二〇〇万トン）を保証できる。
③シラス等をふくむ笠野原台地は漏水が多く水田が不可能であり、畑地として利用されているが、

年間一一一五ミリ（日量一三七万トン）を毎日三ミリずつ浸透させる巨大な孔あきダムである。その地下水は約三カ月おくれて河川に流出する。

④水文気象解析を地域総合開発に高めるにはこれから二年はかかる。工業開発は農林漁業を犠牲にしてはならない。

⑤桜島火山とその農林災害の実態を調査する必要がある。

東南アジアの水資源総合開発

○干ばつ

南方地域の農業に重大な影響を与えるのは干ばつであり、台風より大きな災害を与える。南方地域は五月から一〇月が雨季、一一月から四月までが乾季である。雨季一作の水稲農業が主であることから、雨季に干ばつになると大きな農業被害を及ぼす。

小笠原は主要都市の広域干ばつの状況を調査し、フィリピンのバギオが干ばつ対策を検討するのに適しているとして、降水量等を詳細に調査した。

フィリピンのバギオ（標高一五一〇メートル）では、過去四二年間の平均降水量は年四一七七ミリメートルで、そのうち七～八月に四六％降り、一一月～四月は一〇％にすぎない。氏は過去六〇年間のバギオの年降水量が九〇〇〇ミリメートルから二二〇〇ミリメートルと大きく変動する原因を追究した。

フィリピンでは、冬にはシベリア気団の影響を受けて、北側と東側に雨が多く、夏には南インド洋の気団の影響を受けて南側と西側に雨が多くなる。台風がルソン島を北上するとき、赤道気団を吸収し、マニラやバギオのある西側地域の降水量が増大する。つまり南西季節風（南インド洋の赤道気団）の消長がこの地域の降水量を支配しているとした。熱帯地方の三〇〇〇メートル以高の上層では、偏東風が吹走するのに対して、それより下層では西進する「東風波」が周期的に現れて悪天候をつくり豪雨の原因となると考えた。

また氏は「台風の発生機構」について、デッパーマン博士の研究をもとに検討している。台風は、東経一一五～一六〇度、北緯五～二五度の範囲における大気の不安定がきっかけとなり発生する。結局、水温が高い程大気が不安定となり、台風は水温二六～二七℃より低いところではほとんど発生しない。熱帯の南西季節風気団が北風気団または貿易風気団に高度一五〇〇メートル以高ですべり上り、その上昇気流の水蒸気が凝結して莫大な潜熱を放出して暴風化する。なお現在では、南北の貿易風の熱帯収束帯に台風が形成されることなどがわかってきている。

氏は太陽黒点の周期と広域干ばつとの間に重大な関係があることを指摘している。また火山噴火により寒冷気候を生じることも無視できないとする。

○フィリピンの水総合開発

一九六七年の夏、小笠原は日比賠償協定の一環として、フィリピンのバギオ市の水道改良事業の調査団長として調査を行った。それは将来一〇〇年にわたる水源開発の基本計画と実施設計及びその運営方式に関するもので、貯水タンク等の施設の配置計画・運営方法及び開発費用等について検討したものである。氏にとって「生涯一期一会のむずかしい仕事であった」という。氏は気象学の専門家であったが、水道改良事業のような具体的な問題については経験がなかったからである。渡航に際して、中国詩人『杜甫』二巻、斎藤茂吉の『万葉集』二巻、良質の香、玉露を持参した。そして会議等のほかは毎日宿舎で茶と本を楽しんだという。

バギオは東南アジアの三大避暑地として、アメリカによって開発された。フィリピンの気温は日本と違って四月〜五月に最高気温が現れる。バギオでは三〜五月に観光客が急増大し、毎年枯渇した水源からの給水に悩まされていた。そこで、一九六六年の人口一五万三〇〇〇人、日給水量約二万一六五〇トンを、一九八〇年には人口約二三万人弱、日給水量三・三万トンにすることが計画されていた。バギオの既存水源は需要の多い三月〜五月に日量一・一万トン近くの調達は可能であったが、将来その時期に日給水量三・三万トンを調達することが求められた。バギオの水道事業には三つの不利な条件があった。それは降水条件、乾季水不足の最中における臨時人口の密集、地形地質条件であった。地質は石灰岩であり地形浸蝕がはげしくダムには不適であった。

小笠原らの調査の結果、既存水源を見直し、また新たな貯水池を建設すること等により、少なくとも乾季における日量約三万トンを調達する目途がたてられた。その調査結果はフィリピン政府からも賞賛された。

氏は、フィリピンの民衆が戦争で煉獄の苦しみを味わったことをよく知っており、次のように記している。

岡倉天心居士の言うとおり「アジアは一つ」。アジアの繁栄は日本の繁栄。アジアに平和なくして日本に平和はない。アジアの先進工業国として、日本はまじめに東南アジアの発展につくさなければならない。ここにこそ日本民族将来の歴史的使命がある。（『山と水の自然』）

第6章　『氷晶』〜日本民族の風土的考察〜

小笠原博士が七三歳のときに著した『氷晶』（一九七二）は、「気候的条件と土地的条件を総合した生命環境」と定義した風土や、歴史文化から見た日本人論である。氏は約一年半にわたり日本の過疎地を訪れてこれを考察し、古今書院の『地理』に連載した。それをとりまとめたのが本書である。風土から考えた深い日本人論である。

氏は風土を、ドイツのウィルヘルム・ディルタイ（一八三三〜一九一一）の解釈学的現象学の立場から検討した。ディルタイの哲学は、芸術的創作作品を生み出した人間の生命を解釈する。その著『哲学の本質』（一九〇七）によれば、宗教、芸術及び哲学は、いずれも普遍妥当的思惟を指向し、万人を納得させることを目指す点で共通している。解釈とは文字によって固定された生の表示（書物等）を了解する技術論のことであり、それにより普遍妥当性が明らかにされる。ディルタイは特に「詩」を重視した。

小笠原は、専門の気象のほか、考古学資料、民謡・絵画・詩歌等を駆使して風土を語っている。和辻哲郎は風土をその土地の景観も含めた自然環境であり、「水土」とも表現した。そして風土は単なる自然環境ではなく、「人間の自己了解の型」に係わるものである。この和辻の立場は、小笠原の風土論に通じている。ただ氏の場合には扱う素材や切り口が、やはりディルタイ詩学を強く反映したものとなっている。氏は高度経済成長期にあって、雪国の過疎地となりつつあった地域に焦点を当て、やがて消えゆくかもしれない風土を検討したのである。

最上川と出羽路

最上川については、芭蕉と斎藤茂吉の傑作を生んだ風土が語られる。出羽路については新庄、尾花沢を中心とする最上地方が、素朴な人情と自然の美しさのある「日本の奥座敷」として紹介されている。

山形県では、小国盆地の荒川が新潟県に流れるだけで、約八〇〇〇平方キロメートルの雨水は全て最上川に注ぐ。米沢、長井、小国、山形、尾花沢、新庄の各盆地がそれぞれ洪水調整するダムの役割をもっており、最上川は比較的洪水の少ない河川となっている。鉄道が普及するまで、最上川は物資輸送の唯一のルートであった。米・麻・漆・紅花・煙草などの特産品が、最上川を下って酒田港に運ばれ、海上輸送された。その情景は民謡の「最上川舟歌」ともなっている。

芭蕉は一六八九年の四五歳の時に『奥の細道』の旅に出て、その内四一日を山形で過した。そして紅花の豪商鈴木清風に招かれ、尾花沢で一〇日も過している。江戸吉原で豪遊した清風であるが、芭蕉は清風を「富めるものなれども志いやしからず」と書いている。小笠原は清風は尾花沢に不滅の光輝を与えた存在であるとして、『氷晶』で次のように言っている。（以下、引用文は『氷晶』）

徳川三〇〇年、最も好きな者五人を選べというならば、わたくしは躊躇なしに松尾芭蕉、出雲崎の良寛、葛飾北斎、安藤広重、浦上玉堂を指摘する。鈴木清風はそれにおとらぬ人物と見られ、山形県における空前の突然変異である。

小笠原はまた次のような芭蕉の句に着目する。

閑さや岩にしみ入る蝉の声

最上川は冬季北西の季節風に向かって流れるために逆白波が立つ。歴史民族資料館の敷地に戦後茂吉が寄寓した聴禽書屋がある。

五月雨《さみだれ》をあつめて早し最上川
荒海や佐渡に横たふ天之川
涼しさやほの三日月の羽黒山

氏によれば「閑さや」の句は、氏が育った山寺で詠んだ歌であり、蝉はニイニイゼミのことで、「夏の盛りに一斉に鳴く狂騒音で、それはまさに微かな地鳴りを彷彿させる」境地をとらえている。「五月雨」の句は「涼し」が「早し」に修正されたことにより、降雨時の「矢を射るような最上川の特徴」を表している。「荒海や」の句は、その誠実な写生に感動している。そして「涼しさや」の句は、清風のもてなしがうれしかったこと、また出羽三山を詠んだものであるが、その行程が最難路であることから、芭蕉の作品が決して観念的にできたものでないことを強調する。

最上川に光沢を与えたもう一人は斉藤茂吉である。

斉藤茂吉（一八八二〜一九五三）は、一九四六年に大石田に移っていた時、肋膜炎にかかっていたが、再起して最上川を詠み、『白き山』（一九四九）を著した。小笠原は次の歌をあげている。

肘折温泉にて
（ステッキ姿の小笠原博士、左端は会社の長岡信司氏）

最上川の上空にして残れるはいまだ美しき虹の断片
最上川逆白波のたつまでにふぶくゆふべとなりにけるかも

最初の「虹」の歌について、氏は「歌人茂吉が行き着くところに到達した幻想の世界」で「虹がまさに茂吉自身の幻なのである」と言っている。「逆白波」の歌については、「季節暴風の吹き荒れる冬の夕べにおけるひとときの現象」を捉えたところに、日本三大急流の筆頭である最上川の特徴が表れている。

ところで塚本邦雄は、『茂吉秀歌』（一九八七）で上記二首について解説しており、「写生とは象徴に達するための手段であることを、茂吉は生涯をかけて証明してみせた」とする。また歌人尾崎佐永子氏によれば、茂吉の歌には「音によって記憶される歌」があると指摘し、「逆白波」の歌をあげており、短歌の真髄は「一瞬々の生に賭ける」ところにある。

茂吉は書道も達人で絵もうまく、森鷗外などの先輩と多数のアララギ歌人と交流があり、しかも単なる歌人でなく科学者であった。観察の深さと鋭さは科学的鍛錬によることを見逃せない、と小笠原は言っている。

一方、茂吉の歌は最上地方の自然をかたっているとし、『赤光』より次の歌を引いている。

にんげんの赤子を負へる子守居りこの子守はも笑はざりけり
天のなか光は出でて今はいま雪さんらんとかがやきにけり

くろぐろとつぶらに熟るる豆柿に小鳥はゆきぬつゆじもはふり

「にんげん」の歌により、貧しさのため「娘を売る相談をした囲炉裏端」を通して暗い東北地方の歴史が語られ、「天のなか」の歌により、冬の陰惨な生活が一転する春の喜びや、草花、新緑、山菜などが語られ、「くろぐろと」の歌により、晩秋の柿紅葉が紹介される。この地域は馬産地であり、多数の温泉や民謡の宝庫であるとしている。この日本の奥座敷も、当時の工業化のあおりをうけて、農山村は悲運に打ち沈んでいると、氏は訴えている。

越路

氏によれば越路（加越能三国）は現在の富山県と金沢県に当たり、その風土には多くの歴史的な遺跡をとどめ、文化的な香りが高いところである。

縄文時代の遺産としては、氷見の大境洞窟や朝日貝塚から縄文中後期の住居跡や土器等が発見されており、この地域は「採集漁労の絶好の棲家」であった。八世紀に大伴家持が国司として在住したことは、越中の歴史に不滅の光輝を添えている。また源平合戦以降の約四〇〇年は東西勢力の戦場となり、木曽義仲、上杉謙信などの活躍した舞台ともなった。そして綽如《しゃくにょ》、蓮如が浄土真宗を下民百姓まで広めた偉業がある。江戸時代には前田家一二二万石の加賀文化が花と開いたとして、九谷焼、美術工芸、能狂言、茶道、金沢城、兼六園などを通して風土が語られている。

大伴家持は七四六年から五年間越中をおとずれ、二上山や荒磯海などの歌を詠み、それらは万葉遺跡として残されている。小笠原が注目した家持の歌から三首あげておく。

立山《たちやま》に降りおける雪を常夏に見れどもあかず神《かむ》ながらならし　（万一七）
朝床にきけば遥けし射水河朝漕ぎしつつ唄う船人　（万一九）
もののふの八十をとめらが汲《く》み乱《まが》ふ寺井の上の堅香子《かたかご》の花　（万一九）

最初の歌は富山湾から北アルプス連峰を望む景観を歌ったものであり、第二の歌は水量の豊かな射水河から聞こえてくる舟歌の情緒を表している。

小笠原によれば富山の農民は長い間急流河川の洪水の惨禍を受け、雪や洪水と戦ってきた。戦後、小笠原らも参加した水資源総合開発によって、富山の運命は逆転し、富山は北日本における工業開発の中心的存在になった。「堅香子（カタクリ）」の歌は雪国の早春を迎えた喜びである。カタクリは現在「高岡市の花」となっている。

律令国家時代の越の国はかなり平和であった。しかし中世から近世にかけての越の国は、上杉謙信と足利一族である畠山との抗争などで、戦いの修羅場と化した。畠山の根城とする七尾城の陥落を目前にした九月の夜に謙信が詠んだ詩「霜満軍営秋気清」について、謙信は「露」と書いたが手直しされて「霜」となったという。氏によれば気象的には謙信の「露」が正しい。だが「この詩一つで不滅の人物となった」と記している。その後秀吉の時代にようやく平和が訪れた。

一方で氏は越の国は浄土真宗の王国であることに着目する。越中には一三九〇年に綽如により開基された瑞泉寺など浄土宗の名刹が多くある。蓮如は親鸞没後二〇〇年経ってからではあるが、本願寺再興の基礎を農村におき、集団内の差別階級を廃して、浄土宗を最も救いを必要とする百姓等へ普及したことを強調する。

江戸時代には加賀文化が百花繚乱と咲き誇った。江戸の町人文化に対して、金沢は堂々たる大名文化である。金沢城は千代田城に次ぐ名城であり、兼六園は日本三名園の筆頭である。氏は前田家が平和主義的文化政策を推進したことを強調する。徳川封建制の確立のなかで、豊臣家に近い前田家が、何故終わりを全うできたのか。その理由として次の三点をあげている。

①地形的に「天下無双の要塞」となっている。

高岡市の家持が勤務した国衙跡。万葉で詠われた射水河は小矢部川と庄川の合流河川である。

②前田家は徹頭徹尾平和主義的文化政策を堅持し、幕府ににらまれることをしなかった。「忍」は家憲となっている。
③徳川家との血縁関係を結んだ。

当時の富山では水田のカドミュウム汚染が問題となっていた。小笠原はそれを歴史的問題ととらえて官民一致の努力が必要であると言っている。そしてなにより加越能は将来中国やシベリアとの貿易が活発となる時再び重要な拠点になるだろうと予見している。氏はこれらの課題解決に当たり地理学に期待をかけ次のように述べている。

「地理学はたしかに国土総合開発の基礎学である」が、単に一地域のしかも現代社会の一断面を診断しただけではどうにもならない。風土の上に長いこと住民の伝統と文化を深く顧み、これを基礎とした総合設計が必要である。

出雲路

出雲路では小泉八雲、出雲大社、出雲の阿国《おくに》の墓、日御崎、松江城、八重垣神社・柿本人麻呂、温泉郷などをとりあげ、この地の風土を語っている。

小泉八雲（フェノロサ）は一八九〇年に松江の中学・高校の教師となり一年四カ月過ごした。そこで小泉節子と結婚し、一八九六年に日本に帰化した。封建思想の強い土地で二人が結婚し、八雲は短期間の滞在であったにもかかわらず、松江の人々に受け入れられ名誉市民になった。その強い結びつきに出雲路の風土を解く鍵がある。氏は実際出雲を旅して「美しい人情」に触れ、自然も人間も荒んでいる今、「まだこのような国土が残っているのか」と感嘆している。そして小泉八雲記念館、旧宅を訪れ、書斎や庭園を見学して大変気に入り、「例え一週間でも住んでみたい」と言っている。

出雲大社は大国主命を祀る。現在の本殿は一七四四年に造営されたもので、自然美と人工美が調和している。氏は出雲大社に参拝し、「神ながらの道」を理解したという。大国主命は物心両面から人々に幸福を与える大黒様であり、人々に尊敬されつづける理由を次のように記している。

日本の歴史を顧みると、だれも平和で清浄なこの神域を犯すことはできなかった。神域を犯すことは理由はともあれ民衆を敵にまわすことである。大社はそれほどかたく大衆の心をとらえていた。神域を護るに武器を必要としなかった。日本ではそれは伊勢大廟と出雲大社だけである。

氏はまた出雲阿国の墓に参拝した。歌舞伎の創始者とされる阿国は、出雲大社修復のための勧進興行として、京都の四条河原で踊りを披露した。当時、氏は歌舞伎座で上演されていた有吉佐和子の「出雲阿国」に感動している。

そのほか島根半島の日御碕の灯台や経島のウミネコの群生などの海岸風景を賞賛している。松江城

出雲大社周辺（1996 年撮影）

小笠原は原権禰宜《ごんねぎ》の案内で出雲大社の本殿を参拝した（1970 年頃）

では興運閣の建築に注目し、城を治めた松平家歴代の墓所の立派さに感嘆している。そして七代治郷《はるさと》が松平不昧《ふまい》と言われ、藩政より茶道に業績があったことに注目した。

八重垣神社は、神話によると素盞鳴尊《すさのをのみこと》と稲田姫が結婚生活を営んだ所とされる。その時詠んだ祝詞口調の歌「八雲たつ」は日本海を吹き上げる温暖多湿な西風が出雲の山に雲をかけることを示している。

八雲たつ八雲八重垣妻ごみに八重垣つくるその八重垣を　（古事記）

小笠原は宝物殿の壁画の絵に注目し、当時の神は「人間を支配する神ではなく、わたくしたちと何の差別もないきわめてありふれた、色気さえ感じられる普通の人間」であると解釈した。持統天皇の行幸を、柿本人麻呂が詠んだ次の歌は皇を現人神とあがめたものであるが、これらの神々もみな素朴な人間であるとしている。

皇は神にしませばあま雲の雷のうへに庵せるかも　（万三）

柿本人麻呂は島根県の石見の出身であり、死去するときに詠んだとされる次の歌を手掛かりに、茂吉は人麻呂臨終の地を追求した。

鴨山の磐根しまける吾をかも知らにと妹がまちつつあらむ　（万二）

臨終の地とされる鴨山について、茂吉は江《ごう》の川筋の浜原村と津目山に着目した。ところが梅原猛は『水底の歌』（一九七三）で、人麻呂を「辞世の歌を残して入水する流刑者」として描き、臨終の地を海としている。小笠原は茂吉の推論に賛成しているが、その地が何処であっても、「永遠の芸術とは何のかかわりもないこと」であるとする。

小笠原によれば、出雲路は日本民族の限りないエネルギーを育む魂のふる里である。それを開発によって失くしてはならない。

みちのく

みちのくの風土論で小笠原は考古学資料をもとに東北の歴史を検証し、独自の東北人論を展開している。その理由を次のように述べている。

現在、大多数の東北民衆は何とはなしに卑屈な劣等感を心にひめている。縄文・弥生・古墳時代の長い年月を経て、えみしといわれた平泉藤原三代まで数千年間の東北気質は決してそうではなかった。明治維新の際に東北の指導者たちが帰趨を誤り、政治の中枢からはずされたのが特にまずかった。このときうけた深傷は百年後の今も残っている。しかも最近二〇年来政府のとった

経済政策は一方において未曾有の繁栄を招来したが、農村を破滅へと追いやってしまった。（略）
この未曾有の社会変革に際して最も大きな深傷をおうのは東北農民である。わたくしが「みちのくの風土と文化」を回顧する動機がここにある。

小笠原によれば松島湾を中心に分布する貝塚遺跡から出土する土器等より、先史時代から縄文時代を経て歴史時代までの生活の歩みが読み取れる。それによると昔から東北は住みよい環境であった。稲作については九州に二〇〇〇年前頃に始まり、東北地方には約三〇〇〇年くらい遅かった。また中央大和との結びつきを示す会津若松市の大塚山古墳や福島では

中尊寺周辺地域（2005 年撮影）

七〇二年に戸籍がつくられていたこと等から、東北南部は六世紀までには大和朝廷の支配下にあったとする。

東北地方の蝦夷反乱の取り締まりは、坂上田村麻呂によって行われた。その後政府は地方の安倍頼時に陸奥を支配させたが、やがて安倍一族が謀反を起こしたので源朝義を送り、争いを治めた。頼時が戦死した後、子供らにより謀反が再燃し、朝義に頼まれ清原武則が争いを平定し、東北に平和が訪れた。これが「前九年の役」である。その後清原氏の内紛が生じ、源義家が仲介した結果、一〇八三年の「後三年の役」に勝ち残った藤原清衡《きよひら》が、陸奥と出羽の両国を支配した。早くから陸奥には金が産し、金はみちのくと都とを結ぶ大きな絆となっていた。

藤原清衡は平泉を都として独立国をつくった。一二世紀には、藤原清衡・基衡《もとひら》・秀衡《ひでひら》の藤原三代約百年にわたる豪華絢爛たる平泉文化が生まれた。しかし、源頼朝の挙兵によってまず平家が滅亡し、義経が逃げ込んだ奥州を攻略して、一一八九年に秀衡の軍が敗れた。頼朝は平泉に来て、その高い文化に驚いたと言われる。秀衡が亡きあと、子の泰衡は父の遺命に反して義経を判官館に殺し、鎌倉に忠誠を立てたつもりであったが、頼朝に滅ぼされた。芭蕉は往時を偲び、「夏草やつはものどもが夢の址」と詠嘆した。小笠原の兄小笠原信史は茂吉後継の歌人であり、平泉で次の歌を詠んでいる。

大杉に下草のかげ乱れ沁む万象和する寺の夏陰
毛越寺のいにしへ偲ぶ芝のなか礎あり地衣類は七百年のさび色

小笠原によれば源頼朝の猜疑心が一族を皆殺して三代が滅んだ。氏は源頼朝を「その性格はまったく異常である」と述べている。坂上田村麻呂の征討より四〇〇年、「反体制の砦」東北は完全に国内体制にのみ込まれた。「藤原三代とともに平泉の文化が滅び、いや東北文化が滅んだ」とし、そこから、本来の東北人気質が、徐々に翳りを見せ始めたとする。

鎌倉幕府が成立してから、長らく伊達家の支配する世の中となった。伊達家は、十七代正宗の頃には白河以北を支配するようになった。しかし家臣の「秀吉はもはや天下人」とする諫言を受け入れて降伏し、結局、秀吉より五八万石に削られた。「伊達といわれながら伊達家の残した文化にはほとんどみるべきものがない」と氏は言う。それを加賀文化と比べるとわかる。ただ、北上川の治水工事は仙台藩の残した最大の功績であった。それにより石巻という港ができた。

幕末期の仙台藩は「賊軍の汚名を着て明治維新を迎えた」とし、そのことが東北の後進性に拍車をかけた。そして明治二年に伊達邦成《くにしげ》は北海道開拓へと落ちた。これらが東北のさらなる後進性の始まりであったとしている。

北信越から会津

この地域の風土を考察するに当たり、小笠原は長野県の戸隠神社、善光寺、川中島古戦場や、新潟県の北方博物館、会津の若松城（鶴ケ城）等を訪れている。

善光寺

日本忠霊殿（第二次大戦の英霊も眠る）

氏によれば飯綱、戸隠、黒姫等の北信五山を好み、リンゴやアンズの花が咲く善光寺平の春は美しい。善光寺と言えば、御開帳には大勢の人は訪れるが、善光寺の中心は本田という家主で阿弥陀さまは傍本尊になっており、善光寺は在家信心であるところに特徴がある。そして氏は善光寺の北西側に位置する大供養塔(日本忠霊殿)に注目する。それは戊辰戦争から太平洋戦争に至る失われた魂を祀っている。氏は太平洋戦争について次のように言っている。

太平洋戦争は不逞な日本軍閥がおこした名分のない侵略の戦争である。動員された多くの青年がその屍を野ざらしにした。平和な国々を攻略して彼らの生活を根こそぎ破壊した。後味の悪い敗戦であった。(略)

経済援助も技術援助も一億総懺悔が基礎とならねば日本のアジアに与えた罪業は消えるものではない。善光寺が日本の代表として、ぜひとも怨親平等《おんしんびょうどう》の大供養を厳修して欲しい。供養塔は敵味方の一切にあまねく及ぼすべきである。

氏は古戦場を歩くのが好きであった。川中島古戦場は上杉謙信と武田信玄とが死力を尽くして戦った舞台である。その戦いは五分に終わった。武田方は信玄の実弟と山本勘助を失い、上杉方は上杉景勝の父が戦死した。謙信は信玄に数太刀を浴びせ春日山に引き上げたともいわれている。その時致命傷を負わせなかったことが、名将謙信に汚点を残さないことになった。上杉は常に平和を祈願した武将であった。

その後、武田家は二代勝頼が天目山《てんもくざん》で悲惨な滅亡をとげ、一方の謙信は秀吉の計らいで会津一五〇万石に転封され、さらに関ヶ原の戦いを経て三〇万石に堕ちていったが、代々賢臣が現れ名家の誉れを伝えている。氏は両武勇の古戦場を弔い、「この古戦場にはあまりにも高価な血が流れている」と言っている。

北方博物館は越後の旧大地主伊藤文吉氏の寄付で設立された。新潟市の江南区にある。その六〇〇〇坪の敷地には建物と回廊式庭園になっており、氏を驚かしたのは御影石の手水鉢であった。伊藤家が蒐集した資料として大書院の阿弥陀如来像や良寛の書をはじめ、陶器の逸品などを見ることができる。氏は大書院より当主が来客を迎えた炉端にくつろぎを感じたという。戦後断行された農地解放を機に、伊藤文吉氏は土地を農民に開放した。氏は伊藤氏の先見の明を賞賛している。

会津の風土で語る若松城は鶴ヶ城として名高い。伊達政宗が入城したときには黒川城といわれていた。氏は「会津には反骨剛毅な魂が今も残っており、それは白虎隊の精神である」と述べている。また戊辰の戦いで、薩長連合軍の中でも板垣退助の下に会津を攻めた一派は、軍紀も何もなく、「略奪強盗婦女暴行の限りをつくした」と指摘している。氏によれば、この地域は「野口英世、山川健次郎等の大学者を生み、また河野広中らの自由民権・藩閥打倒の猛者をおくって新日本の開拓者」を育んだ。

南信紀行

ここではアララギ系短歌を牽引した島木赤彦を生んだ諏訪路と藤村文学の舞台となった木曽路の風土が語られている。

諏訪路では島木赤彦の旧居柿蔭山房《しいんさんぼう》、諏訪の浮島といわれた高島城、茅野市の尖石《とがりいし》考古博物館を訪ねるとともに、諏訪明神について考察されている。木曽路では藤村が育った馬籠を訪れている。

小笠原はアララギ歌人の定宿である布半に宿泊して、赤彦が歌う諏訪に思いをはせる。

遠嶺には雪こそ見ゆれ澄みに澄む信濃の空は限りなきか
みづうみの氷は解けてなほ寒し三日月の影波にうつろふ

小笠原によれば、これらは諏訪の自然を長年見つめてとらえた赤彦の傑作である。赤彦全集より一首を推すとすれば「遠嶺に」の歌であるという。赤彦は、茂吉とともに「自然の中に深い人生を見た達人」である。湖を見下ろすところにこそ「みづうみの」の歌碑がふさわしいとする。諏訪の自然は赤彦によって永遠に生きる。

尖石考古博物館では宮坂英一館長の案内で八ヶ岳山麓から発掘された縄文土器を見学した。宮坂館長は小学校の教師をしながら長年発掘に携わった人で、茅野市の名誉市民になった。そこから出土し

上：碑「天下の木落し坂」
（諏訪町萩倉）

下：木落し坂と模擬御柱

た縄文中期の土器は文様が自由奔放で力強く、狩猟民族の勇壮な精神をよく表現している。ただ縄文後期にはその文化が衰えたことは、火山活動によるのではないかと小笠原は推測する。縄文中期の八ヶ岳山麓には絢爛たる文化が開けていた。諏訪地方は山の幸に恵まれ、湖を控えており、雪が少なく、古代人にとっても住みやすいところであったと解釈している。

諏訪明神は建御名方命《たけみなかたのみこと》の創始と伝えられ、その後裔である大祝《おおほうり》が神事に奉仕している。諏訪明神は昔から生産の神であり産生神《うぶすな》であったが、次第に武神としてあがめられるようになったことに氏は関心をもった。

小笠原によれば八ヶ岳山麓には放牧場があり、長い年月弓矢を使う狩猟の伝統があった。諏訪家の一族は武士の性格を打ち出し鎌倉幕府に協力した。御射山《みさやま》祭には幕府のお歴々が参加し諏訪明神の分身を各地にもち帰った。そのことが、諏訪明神が産生神から武神の性格をもつに至った動機であるとする。そして諏訪明神の神氏（諏訪家）が統治し、悠久の年にわたり文化を伝えてきた。それに対する人々の思いが赤彦の歌「信濃の空は限りなきかな」に象徴されている。諏訪大社の神事で有名なのは七年に一回行われる御柱祭の「木落し」である。樅の巨木を山から切り出し、社の四角に建てる行事であり、四五度の急坂で木を一気に引き落とす時、祭りは最高潮に達する。

木曽路では、島崎藤村の生家である馬籠宿本陣や菩提寺の永昌寺を訪れている。馬籠から妻籠に至る中山道は昔の木曽路の面影を残しており、路傍の石垣や石畳、湧水などの歴史の跡が藤村文学と深いつながりをもっている。小笠原は京都の学生時代に藤村文学に熱中し、思想的に大きな影響を受けた。

藤村は抒情詩から散文に移り、浪漫主義から現実主義へと転向し、晩年にはさらに新現実主義へとよどみのない進展をたどり、「夜明け前」の大作を残した。わたくしが藤村の講演をきいたのはただ一度だけ、藤村がフランス滞在中の想い出「エトランゼ」を新聞に掲載していた大正一〇年ころのことである。

氏は藤村の講演を聞いた時の印象を、「中背の美男で両手を胸に組んでとつとつと語るスタイルは今も瞼に残っている」と記している。そして氏は漱石や芥川など都会の文学より、赤彦や藤村のような「土から生まれた文学」に関心をもった。

長野県はフォッサマグナ（大地溝帯）や中央構造線がクロスするところであり、氏はこれらの地質構造線を視察した。大地溝帯は、新潟県の糸魚川から静岡を結ぶ地質構造線で、妙高、八ヶ岳、富士、伊豆等の火山がみなこの構造線から噴火した。中央構造線は矢部長克博士が指摘したもので、それは、「模倣に陥りがちな日本の地学研究の慣習を打破した模範的偉業」であると記している。

現在、改めて地震対策が注目されているなか、南アルプスをトンネルで横断するリニア中央幹線の建設が進められている。安全性はむろんのこと、木曽路の風土に調和した姿で建設されることが強く求められる。

津軽の古代地理

小笠原は版画家の棟方志功、佞揚げ、ねぶた祭、民謡、縄文遺跡、大和朝廷の征討を通じて津軽衆の心と伝統的反骨精神を育てた津軽の風土にせまっている。

氏によれば津軽衆には人間的な暗さや卑屈さがない。「ねぶた」の絵や佞絵には武者姿が描かれているが、それらは津軽の息子や娘たちの似顔絵である。津軽衆は戦国乱世、封建時代の弾圧にも超然として、自然の素朴な喜びを捨てなかった。棟方志功のいのち版画まんだらはここから生まれ、それは「縄文以来の津軽の心」を彫ったものである。

民謡は風土研究に欠かせない。秋田や津軽の民謡は底ぬけに明るい。「津軽弥三郎節」は嫁いびりを唄っており、本来陰惨な事であるが、津軽衆はそれをやじりとばしている。「津軽じょんがら」や「津軽よされ」は日本民謡の最高であり、三味のメロディーが何ともいえないという。氏は、タクシーの中で運転手が唄う民謡を聞きながら各地を視察した。そして大阪万博博覧会の国際美術館に展示された日本の縄文・弥生・古墳・土師器《はじき》時代の文化財は、スペインやエジプト等の中東文化財と比較して少しも見劣りしない。

縄文土器は北海道から九州まで広く分布するが、中心は東日本である。青森県の縄文晩期は亀ヶ岡式文化時代といわれ、中期に見られるような男性美でなく優雅な女性美へと変化した。有名な遮光土偶について、氏は雪眼鏡ではなく魔除けに使ったものと推測している。

ところで、一九九〇年代から本格的に発掘された三内丸山遺跡は青森市近郊の河岸段丘に位置する縄文時代中期のもので、大規模集落跡があり土器や石器、土偶、装身具類、木製品、漆器などが出土している。当時の文化が想像以上に進んでいたことがうかがえる。小笠原によれば縄文中期の東部日本に限っても、これだけ華麗な土器文化が栄えた理由が疑問であった。さし当たって次のように考えている。

①土器をつくる土は、良質であれば生産地が限定される。無尽蔵ではない。
②これだけ豪華華麗な芸術品を生み出すためには衣食住に相当余裕があり、高級な美意識があった。
③狩猟採集族は農耕族では想像もつかない大きな行動半径をもっている。

青森県の弥生文化は田舎館《いなかだて》や垂柳《たれやなぎ》の遺跡から発掘された焼米等から三〇〇年遅れて到達したことが証拠立てられた。そして三世紀以降の古墳時代へ移行した。律令時代の後期の青森県は狩猟と漁労のほか一部水稲栽培を含む畑作農業を営み、馬の牧畜も行われていた族長社会であった。大和朝廷の東北遠征が行われた際の城柵分布を見ても、八五〇年頃までは青森県は中央の支配下に入っていないとする。氏は、このことが津軽の独立不羈《ふき》、一徹頑固な反骨精神を育て上げた原因であるとする。その後、戊辰の役における薩長の横暴と新政府の「白河以北一山百文」的冷遇は、東北人に強烈な反政府的感情をあおったとし、氏は多数の反骨精神の持ち主を列挙している。例えば、徹底的な身分制を排撃した医師安藤昌益《しょうえき》や正岡子規らを育てた明治新聞界の雄である陸羯南《くがかつなん》、平民宰相と言われた原敬や拓殖行政の国際的な偉人後藤新平らをあげている。原敬については「不逞の凶弾にたおれたが、もし政党内閣が健在ならば太平洋戦争は避けえたものと思われる」と言っている。これらの人が新しい日本をつくる推進力となった。

そして氏が示した脈々と続く津軽の反骨精神は今なお健在であるように思われる。例えば、寺山修司の前衛短歌運動や天井桟敷のアンダーグランド劇もまた、津軽の伝統文化を継ぐものではなかろうか。

大和路

小笠原は風土と文化をえがくに当たり、多雪過疎の地を選んだが、最後に日本民族の古代を残している大和路を訪ねている。氏は和辻哲郎の影響もあり、数多くの古寺社を巡礼し、古代建築と仏像の美しさに心が魅かれていた。

畝傍・香久・耳成の大和三山に囲まれた小さな盆地が飛鳥・藤原京跡であり、ここが大和朝廷発祥の地である。王朝政治の基をつくった聖徳太子の斑鳩宮、天武天皇の飛鳥浄御原宮、持統天皇の藤原宮などがみなこの小さな盆地内にあった。氏は何故このような辺鄙なところが都になったのかと疑問をもった。いずれにしても、元明天皇の奈良遷都（七一〇年）とともに三山を残して廃墟となり、法隆寺、薬師寺、唐招提寺等に面影を留めることになった。

奈良盆地の景観は郷里の山形盆地に似ていると言う。それは万葉集を読むきっかけになった次の歌に表れている。

石激る垂水の上のさ蕨の萌え出づる春になるにけるかも　（志貴皇子）

氏によればこの歌は出羽路の春の景観にあてはまる。

飛鳥・白鳳・天平は日本王朝の花の時代で、隋・唐・朝鮮・ペルシャ一帯にわたる歴史的最盛期と時代を同じくしており、外国の政治、文化を摂取消化して、民族的発展を遂げた世紀である。そしてその基礎を築いたのが聖徳太子であった。氏は日本の歴史において、「飛鳥・白鳳・天平時代をわが日本民族の最盛期」であり「天武・持統の両朝こそは王朝繁栄の頂点」であるとする。天智天皇は位を皇弟大海人皇子に譲らず、実子の大友皇子を立てたことが争いのきっかけとなり、六七二年に「壬申の乱」が起こった。天智天皇に召された額田王はもと大海人皇子の妻で十市皇女《とおちのひめみこ》を生んでいる。この三人の相聞歌は有名であるが、天智天皇は古人大兄王子《ふるひとのおおえのおうじ》を殺すなど冷酷な性格もあったらしく、これも大海人皇子との不和の原因になったと氏は推察する。ただ天智天皇は皇統の中でも最も傑出しており王朝時代の基礎をつくった。氏はその歌に注目する。

渡津海の豊旗雲に入日さし今夜の月夜《つくよ》清明《あきら》けくこそ　（天智天皇）

茂吉は、この歌について「今夜の月は名月であろう」と「月明りになってほしい」という見方があるとした。小笠原博士は豊旗雲とは晴天巻雲のことで「今夜はさぞみごとな月が見られよう」と解釈されるとした。

飛鳥から白鳳の時代には国をあげての朝鮮との戦いがあった。斉明天皇は新羅と戦うために中大兄、大海人の両皇子らをひきいて伊予の熟田津を船出して、筑紫にある本営に向かった。

熟田津に船乗りせむと月待てば潮もかなひぬ今は漕ぎ出な　（額田王）

しかし日本軍は白村江《はくすきのえ》で新羅と唐の連合軍に完敗し総撤退した。小笠原は「この戦争はまったく敵をしらない無謀なものであった」とする。そして六六七年に天智天皇が反対を押し切って、都を飛鳥から近江に移ったのは軍略上の決断であったと解釈している。

その後、天智・天武・持統の日本政府は戦時体制を解いて唐との外交政策を堅持し、文化の輸入に力を入れたことを、氏は「賢明な国策であった」という。次の遣唐使の母の歌は濡手で到来文化を吸収したのでないことを物語っている。

旅人の宿りせむ野に霜降らば吾が子羽ぐくめ天の鶴群　（遣唐使随員の母）

聖徳太子は隋との親善をはかり、政治と文化の両面にわたり大きな発展をとげる契機を与えた。大化の改新は土地と人民を豪族の私有からひきはなし、公地公民の原則を基礎とした法治的統一国家の建設にあった。天智の時代には戸籍もつくられている。そして天武天皇は天智天皇に劣らぬ偉人であった。天武時代に公布された大宝律令は皇権中心の租庸調に基づく律令国家を目指す大事業であったとする。天武朝のあとは后の持統天皇が継いだので、飛鳥浄御原宮は二〇年で廃墟となった。女帝のなかでも皇極（斉明）は土木工事、蝦夷征伐、新羅征伐を行うなど、たいした女傑であり、女性として世界的な人物であった。

氏によれば「雄健《ゆうけん》なおおらかさが」飛鳥・藤原・奈良京時代の特徴であり、それは「内に万斛《ばんこく》の苦悩をひめながら、生命力と活動力にあふれた外交的時代」であった。飛鳥時代は仏教芸術の夜明け、白鳳文化は真昼の太陽といわれる。聖武天皇は国々に国分寺・国分尼寺を建てた。仏教が神社信仰とさしたる衝突もなく受け入れられたのは、日本の神が自然神だからである。そして今も天平の仏教芸術に接することができる。

小笠原はこの紀行で法隆寺、中宮寺、唐招提寺、薬師寺等を巡礼している。法隆寺は金堂、五重塔など世界最古の木造建築として知られているが、法隆寺の良さは内容の充実にもある。金堂の金銅釈迦三尊や大壁画、大宝蔵殿の百済観音などの仏像のほか多くの宝物が陳列されている。世界的な文化財をもつことは日本民族の誇りである。「わたくしたちは一切を失っても法隆寺を残さなければならない」と氏は言っている。

唐招提寺は鑑真和上を開山とする名刹である。招提とは御仏の前で修行をする道場を意味しており、戒律を守って教学に励む律宗の総本山である。鑑真は唐揚州大明寺の高徳で、聖武天皇の招きに応じて来朝した。渡航の失敗を繰り返して一二年を要し、七五四年に東大寺に到着した時には失明していた。鑑真は大仏殿の前に戒壇を設けて、聖武、孝謙両天皇らを受戒した。鑑真は古代日本文化の大功労者である。芭蕉は追慕の句を捧げている。

若葉しておん目の雫拭はばや　（芭蕉）

小笠原は深い感動を禁じ得ないという。小笠原は芭蕉の句に触発されて次の句を詠んでいる。

鑑真が戒壇の杜蝉時雨　（唐招提寺の戒壇にて）

薬師寺は天武天皇が皇后の眼病平癒を祈り勅願して造営された法相宗の大本山である。小笠原がひきつけられるのは裳階《もこし》付きの三重塔であり、それは白鳳・天平の最高傑作である。法輪の透かし彫りの水煙は見事である。金堂の薬師如来・日光・月光菩薩は古代ギリシャの彫刻に比べて少しも見劣りしない。そのほか氏は十一面観音像、国宝の吉祥天や慈恩大使の画像などに感銘を受けている。氏は薬師寺の吉祥天像に斉明、持統の女帝を、正倉院の鳥毛立女屏風絵に額田王をしのぶという。

六世紀から八世紀にわたる世界文化はシルクロードとの交流を通して隋唐朝鮮を経て日本に渡来し、豪華絢爛たる王朝文化が開花した。

唐招提寺（金堂）

唐招提寺における芭蕉の句碑（若葉しておん目の雫拭はばや）

平城京跡の朱雀門
（1998 年建築）
遷都 1300 年に当たる
2010 年に撮影

平城京跡の大極殿
（2010 年建築）

鎌倉以降の日本仏教が自力の禅と他力の浄土に分かれて発達したのに対し、王朝の原始仏教では大乗と小乗とが混然一体になっている。それが平安鎌倉仏教に対する奈良仏教の特徴である。

大和は日本民族の心のふる里である。そこには民族の古代が残っている。氏にとって古寺巡礼は芸術品の鑑賞であると共に、御仏として「礼拝」することであった。

氏が世界的文化財であるとした古都奈良の法隆寺、唐招提寺等をふくむ文化財八つの資産は一九九八年に世界遺産に登録された。平城京跡もその一つである。平城京への遷都一三〇〇年に相当する二〇一〇年には朱雀門や第一次大極殿が復建されるとともに、県により国内外から多数出席して行われた記念式典では、友好と交流のメッセージが世界へ送られた。それは古都奈良が文化の輸入に力を入れた歴史をふまえたメッセージであった。

日本民族の生命力

小笠原は主として各地の風土を調べて、「日本民族のたくましさと息の長さ」に注目し、その原因として次の要因をあげている。

①日本は気候に恵まれて森林がよく育ち、作物や漁労に恵まれ、食糧に事欠かない。

②日本の四季は生活気分を変えて気分を引き締める。それは民族のエネルギーの退化を抑制する重要な因子である。
③自然災害は地震・火山・暴風・豪雨洪水の一切を含み、これが頽廃から救う重要な因子になっている。

『氷晶』の風土論で、小笠原は今後の日本人の歩むべき方向性を次のように提案している。

わたくしが民族の歴史として追慕しているのは縄文・弥生・古墳・王朝時代の人間像とその生活である。本居宣長の「やまとごころ」は日本民族の源流にさかのぼって探らなければならない。もちろん、王朝時代の再現を夢みることでもなければ皇国史観を讃美することでもない。律令国家といい王朝政治といっても、日本歴史に現れた過去の一つの制度にすぎない。いま、それを再現しようとするのは愚かなことである。むしろ、そのような制度を生み文化を創造した民族の生命力が問題である。（略）敗戦後の日本文化は主体性が毛ほども認められない。これからの二一世紀にむかって日本民族のルネッサンスが可能かどうか。だれか、その扉をひらくものはおるまいか。

最後に、本の題名『氷晶』は、「雪の結晶——無核の氷晶がいかにして可能か」という国際学会の謎を、小笠原博士なりに一応の解決をしたことを記念して、名付けられた。

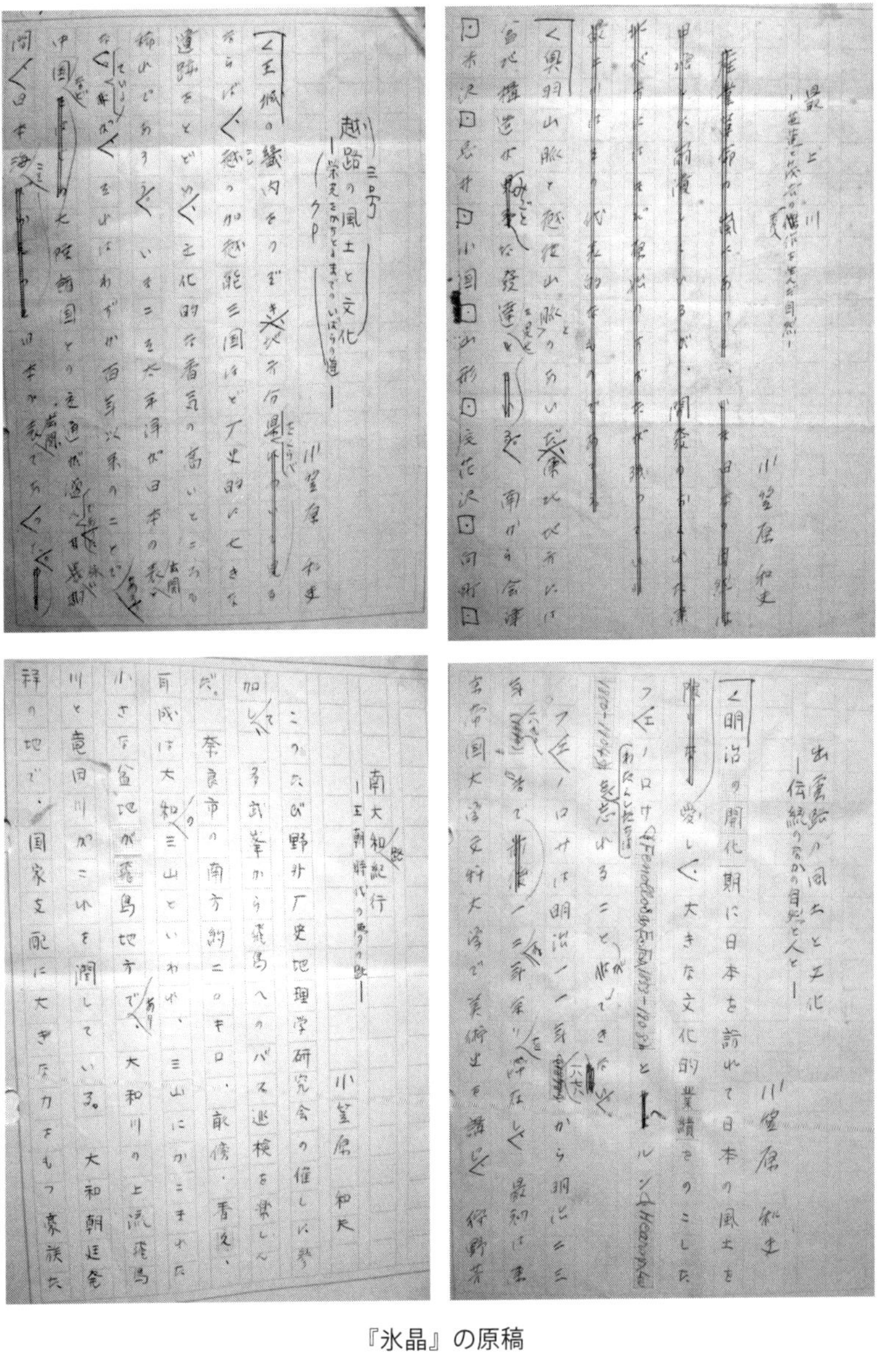
越路の風土と文化
小笠原和夫
最上川
小笠原和夫
南大和紀行
―王朝時代の夢の跡―
小笠原和夫
このたび野外歴史地理学研究会の催しに参加して、多武峯から飛鳥へのバス巡検を楽しんだ。
奈良市の南方約二〇キロ、畝傍・香久・耳成は大和三山といわれ、三山にかこまれた小さな盆地が飛鳥地方で、大和川の上流飛鳥川と竜田川がこれを潤している。大和朝廷発祥の地で、国家支配に大きな力をもつ豪族たち
出雲路の風土と文化
小笠原和夫

『氷晶』の原稿

第7章　小笠原の世界観

自然科学的世界観

小笠原が長い物理学や生物学の修業とカントの批判哲学を経て到達した自然科学的世界観と弁証法を学んで得た歴史的社会観について述べる。

氏によれば、中世のキリスト教会に一切を束縛されていた時代に終わりをつげ、教義にとられず物事を自由に考え、自由に行動する人間的目覚めが近代史の幕開けである。善悪を識別するのも、真偽を判断するのも、美醜を評価するのも自我であり、自我が一切の基準であるというのが文芸復興期の精神である。イギリスではロジャー・ベーコンが実証的経験主義の立場をとり、次いで現れたフランシス・ベーコンは『科学の威厳と進歩』（一六二三）において、スコラ的偏見や社会的慣習から来る一切の幻像を排し、あくまで実証に基づいて帰納的に発見すべきであることを主張した。「知は力なり」と、人間能力に無限の期待がかけられ、科学の進歩に輝かしい希望がもたれた。その後三〇〇年以上の時を経て、フランシス・ベーコンの予言は確かに成就した。

しかし、科学の進歩は、やがて人間の制御を超え自力で発展し出し、戦争を極度に悲惨なものとする。それを誰もくいとめることができない。古くはダイナマイトや無煙火薬から始まり、近くは原子爆弾や水素爆弾など、火薬にしても原子力にしても、一方で人類生活に利益をもたらすとともに、他方限りない危険性をはらんでいる。

このことに最も早く気づいたのは、犠牲が多くて得るところの少しもなかったことを第一次、第二次大戦を通じて悟ったヨーロッパの学者グループである。アインシュタイン、バートランド・ラッセル等の先覚者は、最後の息を引き取るまで世界の破滅を気にかけていた。一九五五年の「ラッセル・アインシュタイン宣言」では、核戦争により人類が終末に至る可能性を訴えている。小笠原は二人の意見に全く同感で、「神から離れた人類がその酬いとして悪魔に導かれ、二進も三進も進めない断崖に突き当たってしまった」という。

小笠原は自著『教養物理学』で、近代物理学の内容とその認識批判を試みた。カントに始まる批判哲学の本質は、諸々の自然科学と対立するものではなく、その背後にあって科学者の開発した自然を、認識論の立場から「人間自覚の進歩」の過程と認め、それが如何にして可能かの認識機構を明らかにすることによる。ここで批判哲学というのは事実を認めてその論理的根拠を明らかにしようとする立場で、カントに始まり以降の哲学に大きな影響を与えた。

「定石を知らない人でも囲碁はうてるが、認識論はいわば囲碁の定石の研究とみて良い」という。「物質とは何か」と、これは物理学の追及するところであり、物理学者は「物自体」――人間に対する物――の示す諸現象を物理学の実験方法でとらえ、結局、これらの諸現象はこのようなものであろうかとモデル（像）をつくっていく。現象の新発見をするのが実験物理学であり、それを総合してモデル（像）をつくるのが理論物理学である。認識論や科学方法論はこの理論物理学の立場ではじめて要求される。カントを始め、マッハ、アインシュタイン、ラッセル、プランク等の錚々たる大学者はみな名だたる哲学者でもあった。

私たちは、宇宙物理学、地球物理学を含め、実に素晴らしい物理学の世界を見る。近代物理学は、地球を自覚し、宇宙を自覚させた。相対性原理の創設に数理の側から協力したのがヘルマン・ワイル（一八八五〜一九五五）であるが、自然科学を、「物質とは何か」を追求する物理学と、「生命とは何か」を追求する生物学に分類し、認識論的に、生命を複雑な物理機構とみる立場はとらなかった。小笠原は、そのワイルの考え方を追求していったのである。ワイルは、理論的知識とは別に、生命現象を知るためには「内部からの理解（解釈）」というもう一つの道があると言った。

小笠原によれば、半世紀前まで、「生命は生命から生まれ、無生物からは生命は生まれない」というフランスの細菌学者パスツゥールの学説が信奉されていた。イギリスの有名な物理学者バナールが著『生命の起源』で新しい時代のとばりを開き、ソヴィエトのオパーリンによって「生命の起源」に新しい展望が開け出している。小笠原は、「無機の海泥からの有機合成による生命起源の可能性」を確信していると言った。一〇〇〇万年の単位ではかられる地質学的時間の過程で、量から質への不連続的転換により無機物の合成が有機体をつくりだす可能性は十分ありうることとする。

しかしながら、これは直ちに自然科学的唯物論につながるものではないと氏は言う。生命が物質的側面をもつことは事実であるが、生命が生命になったとき単なる物質の集合体とは異なる動きを見せる。カントはこれを「第三批判　目的論」で論究している。ダーウィンの生物進化論に照らしても、自然淘汰、環境順応と観察が進めば進むほど生命自体の生命力の微妙さに心が打たれる。目的論は生命の追及に対する統制原理と見られる。生物進化の頂点で、「生を自覚し、生を反省し、その行動を目的的に制御する人間」が現れた。人間世界では本能のほかに理性がはたらく。氏によれば批判哲学の立場からは人間が到達した一切の科学の真理を「人間の自然への目覚め」と見る。それは子供が大人になるのと同じことである。しかし自然科学的唯物論をマルクスの唯物論と結びつけるのなど言語道断である。マルクスの唯物論は人類の歴史的社会的自覚の成果である。

『教養物理学』は、小笠原が芝浦工業大学時代に学生たちの講義用に取りまとめたものである。本の表紙には来日したアインシュタインと田辺元の写真がある。恩師田辺元への感謝の言葉が述べられている。その一部をひく。

わたくしは先生の『最近の自然科学』の立場を堅持し、ガリレイ、ニュートン以来の物理学の歩みをカントの認識論（先験論理学）を中心とした批判哲学の立場を貫き通しました。（略）わたくしは自然科学の事実を尊重しながら、ダーウィンの進化論や物理学的世界像は勿論、カントの哲学も、ヘーゲル、マルクスの哲学も、みな人間の世界自覚と見る批判哲学の立場に立っております。ただ、ヘーゲル、マルクスの歴史哲学には人間の実存的主体性が完全に見落とされていて、しかも、それが現代哲学の中心課題になっています。わたくしは五〇余年前にうけた先生のご指導を基礎に、このような世界観で講義をすすめております。（『教養物理学』）

『教養物理学』は、田辺の物理学を中心とする科学方法論を最近の知見をふまえて発展させたものである。その内容は「機械的自然観」から「電気的自然観」相対性理論の「新力学」「黒体放射と量子論」光に関する「粒子と波動」「原子核」などの構成となっている。

これらの物理学史における法則、理論、原理が数式を用いて体系的に論じられている。本書は次の三つの立場で書かれている。

①批判主義の立場を守りつつカントの先験論理学からフッサールの現象学へ移った。
②体系主義的によりまとめた。物理学のテキストは「何故実験が行われ、何故理論が提唱され、新しい物理学的世界像ができたのか」ということが明らかでない。そのため体系的にその理論の根拠や意義を説明した。
③地球物理学的研究の過程で自然弁証法の立場をとるに至った。
カントの哲学には、その後に発表されたダーウィンの進化論が取り入れられていない。そこで進化論を取り入れた世界観として、エンゲルスの自然弁証法が有効であると考えた。

カントの認識論とフッサールの現象学

小笠原の科学方法論は、カントの哲学からフッサールの現象学へ移っていった。ここで氏の両者の哲学に対する考え方を述べておく。

ヨーロッパの近代は自我の自覚に始まる。哲学もまた自由の自我の発見に始まる。哲学はまず一切を疑うことを出発点とする。世界も神も、我の存在すら疑ってかかる。デカルトのこの我は常識上の我ではなく哲学を始める出発点の方法論的懐疑に基づく我である。カントはデカルトの立場を継承した大哲学者で近代哲学はカントに始まるといわれている。カントはニュートンの万有引力論をとり上げ、このような普遍性の真理が如何にして可能であるかの根拠を吟味することを哲学の根本問題とした。

氏によればカントは客観対主観において、客観を主となし主観を従とする「模写主義」に対し、主観を主とする構成主義をとった。自我を中心とするところ、まさにデカルト思想の継承である。客観そのものが何であるかは判らない。主観は客観を感覚の窓を通して直観し、悟性がこれを判断して像（モデル）を構成する。これが認識である。あらゆる直観は必ず空間的拡がりと時間的継続という二つの形式にはいる。カントはニュートンの万有引力論がユークリッド空間の上に構成されていることを重大視した。ユークリッド幾何学はユークリッド空間の上に構成された幾何学体系である。他方、近代物理学の体系が示すように、多くの実験的実証事実から実在の模像をつくり、新実在を極限概念として飽くなき追及を続ける。これがプランクの有名な講演「物理学的世界像」である。

小笠原によれば、カントが前後一〇年をついやしたという「純粋理性批判（第一批判）」は難解な書と言われているが、理論物理学を学んだものからは理解しやすい体系であり、ヴァイル、プランクなど多くの大物理学者の支持をうけている。問題は純粋理性批判の認識構成説の中心である因果律が物質波の研究に始まるハイゼンベルクの不確定性理論によって覆されたことである。ただ、これほどの哲学になると根本的に生命を失うことはない。氏は、ここでフッサール哲学により、カント哲学の蘇生をはかろうとする。

氏によればフッサールの現象学の現象とは自然現象の現象ではなく、暗きにあって分明ならぬものを、太陽光の照射によって分明ならしめるという哲学方法論上の術語である。フッサールはカントとは反対に、「われ存在す、故にわれは考える」という実存哲学でありあくまでも、「実存があって始めて本質があり、存在が価値に優先する」という主張で、カントがプラトン思想を継承したのに対し、フッサールはアリストテレスの継承者と見られている。因果律の成立しない新物理学でもフッサールの現象学で解明され、プランクの世界像構成が可能なためには、フッサールの本質直観で物自体のモデル的構造が直観されるからに外ならず、この点でフッサールの現象学はカントの認識主観よりも基礎的具体的と見られる。

小笠原は一九二六年に京都大学に入ったが、在学時代の田辺元はカントを去り、フッサールの現象学に移っていた。田辺はフライブルグ大学に学び、非常にフッサールの知遇を受けた。フッサールも数学と物理学の基礎の上に哲学を創始した大哲学者である。

小笠原によればフッサールの現象学は直接個人の主観の哲学的解析を基礎とするところに具体性があり、その本質直観は初等幾何学の証明で苦労したことから容易に理解できたとする。描かれていない幾何学上の補線を心眼で見る、これが本質直観である。物を見る時、既成概念を一切廃した哲学的エポケー（判断中止）を行う、いわゆる現象学的還元を行うことにより、知覚されたもの（ノエマ）を志向的目差し（ノエシス）を媒介にして知覚固有の本質に迫っていく。科学者の勘とは本質直観のことで、勘が鈍くては到底深い真理の探究はできないとする。これは大自然に対する時も全く同様であると氏は言う。

物理学書を読むと、新しい時代を拓いた大学者たちの天馬空をかけるような頭のひらめきには全く恐れ入るほかないという。ニュートン、マックスウェル、ヘルムホルツ、アインシュタイン、プランク、シュレーデンガー、ハイゼルベルグらの営為にはみな本質直観のひらめきがあると氏は言っている。

カントとフッサールは哲学の系統を異にしながら、真理の基礎としての人間意識の構造をとり上げ、真理の体系を明らかにしようとした。カントが認識の構成といい、フッサールが本質直観といっても、結局は意識活動である。カントが言う初等幾何学は、悟性の総合判断が純粋直観である空間の上に構成する像であり、その構成を可能にするのがフッサールの本質直観である。物理学の場合には一挙に実在に到達するわけには行かず、結局像（モデル）を構成しつつこれに迫っていく。これが氏の言うところの、カントとフッサール哲学の関係である。

思想のドラマ

小笠原は田辺哲学と強烈に出会い、そして別れた。そこに私は、思想のドラマを感じる。弟子が師の思想を乗り越えていく姿を見るからである。
小笠原は、田辺哲学から離れた理由について次のように言っている。

わたくしは田辺博士の大きな感化をうけた。事実、わたくしは博士の認識論と方法論を学んで物理学の根本を理解することができた。前に述べた『最近の自然科学』は五〇余年を経た今日まで、なお生命をもつ名著である。批判主義哲学の精神に則したこの書が当時の哲学者と科学者の共鳴をかち得たのは当然である。しかるに博士はその直後に公刊された『科学概論』と『数理哲学研究』では、カントの批判主義哲学から逸脱し、当時流行していたベルグソンの純粋直観、純粋持続の哲学を基礎に博士独自の体系化へと進んだ。純粋哲学の一つの立場としては許されようが、批判主義哲学の精神を放棄したものであり、もはや数学者と物理学者の承認を得ることはできない。（略）もし博士がベルグソンではなしに、せっかく学んだフッサールの現象学をとられたならば、はるかに批判主義哲学の精神を貫き得たであろう。（『氷晶』）

田辺の『最近の自然科学』は、「当時の自然科学の理論的研究を略述して、科学的自然観の概要を述べ、これを哲学の見地より批判してその意義を明らかにする」ことを目的としている。『最近の自然科学』の直後に著した『科学概論』は、「科学の哲学的考察」をしたもので、自然科学（物理学）のほか、理想的価値（認識、道徳、芸術、宗教）を含めて、総合的に検討するところに主眼が置かれている。田辺自身、本書の序で、「この書において認識論上カントの流れを汲む先験的構成主義を採りつつ、これに直観を基とする実在論的基礎を与えんことを試み、終に一種の唯心論的形而上学を主張するに至った」と言っている。田辺はカントの言う理性的物理学をはなれた形而上学の分野を思索の対象としていることを自覚もしていた。

氏が田辺哲学と別れたもう一つの理由があった。それは田辺の絶対弁証法に追従できなかったからである。田辺哲学は「絶対弁証法」により、マルクスの弁証法とヘーゲルの弁証法を史観的に統一するところにあった。しかし小笠原は、両者の弁証法について「批判主義の立場からは二人の哲学者の類型の相異」と見たからである。

いずれにしろ、田辺の三部作は、哲学上の画期的な業績であった。下村寅太郎は『科学概論』に感銘を受けた一人であり、「この書によって、著名な数学者、物理学者、生物学者等が哲学に対する関心を持つようになった」と言っている。西田幾多郎は田辺の科学方法論に期待して京大に招聘したといわれるが、やがて田辺は西田哲学を批判し、独自の道を歩んでいった。田辺は一九三〇年の四五歳の時に『西田博士の教えを仰ぐ』を著して西田哲学を批判し、その後、『種の論理と世界図式』（一九三五）等へと進展、独自の哲学を築いていった。

中沢新一は『フィロソフィア・ヤポニカ』（二〇〇一）において、田辺哲学を論評し、「田辺元の哲学的思考がずばぬけた現代性を備えているように思われる」と言い、田辺哲学の「絶対媒介」は、現代の様々な思考を、「翻訳・転換」するプロセスとして役立ち、現代社会を認識する方法として有効であると述べている。確かに田辺哲学は異なる思想をハイブリットして連結する力がある。

田辺元は大学退官後、群馬県北軽井沢の別荘地に住み、生涯にわたり思索に没頭し、一九六二年に七八歳の生涯を終えた。

小笠原博士は、一九七一年九月に約四〇年ぶりに北軽井沢にある恩師の旧居を訪れたことがあり、私も同行させていただいた。それは、カラマツやコナラ等の樹林に囲まれた清楚な平屋造りの家であった。庭の芝生には円形石碑があり、それには次の文字が彫られていた。

私の希求するところは真実の外にはない

田辺の思索の全容を端的に表しているように思われる。

書斎には愛用の帽子とステッキが壁に掛けられていた。小笠原は「夫妻の墓碑をなでさすりながら思い切り号泣したい」気持であったと言っている。

氏は、田辺の『最近の自然科学』を発展させるために田辺哲学から別れたとも言える。ということは、氏が「哲学者」でなく「科学者」への道を選択することを意味していた。

結局、私は、小笠原博士が田辺哲学より次の影響を受けたのではないかと思う。
①田辺哲学を学び、物理学の根本を理解することができた。
②『最近の自然科学』を発展させ、『教養物理学』を著した。
③田辺元よりフッサールの現象学を学んだことが、氏の自然科学の研究に哲学的な基礎を与えた。
田辺哲学の歴史文化面については、ディルタイ詩学の立場から『氷晶』を著した。

④田辺元は、科学・文学・宗教と全世界を相手に哲学をしたが、その総合的アプローチは小笠原の人生観に深い影響を与えた。

小笠原は恩師田辺元を生涯にわたり尊敬している。

そして田辺の『最近の自然科学』がなかったら、氏の『教養物理学』も生まれなかった。そこには思想のドラマツルギーが感じられる。

ところで田辺が西田哲学を批判したとき、西田はそれを反省材料として、一層自身の思想を深めたと言われる。西田は弟子に学問上で「自分の真似をしては困る」と言っていたという。田辺にしてみれば、その教えを、身をもって実践し、新たな哲学を樹立したことになる。田辺が西田哲学を批判したとき師弟の関係がぎくしゃくしたと言われているが、田辺の西田に対する尊敬は生涯変わらなかった。務台理作も、京都帝大で約十年間西田のもとで修業したが、戦争を経過してから、西田哲学を批判し、核戦争を回避する史観を模索し、人間性の自由と尊厳と個性を守る「ヒューマニズム」の立場にたつ独自の哲学へ進んでいる。務台は小笠原が台湾に渡った時すでに大学の文政学部教授であり、氏は務台から五年にわたり原書によりヘーゲル哲学序説と精神現象学について個人指導を受けていた。務台も留学してフッサールに学んだ後に「ヘーゲルの歴史哲学」で文学博士となっている。氏は務台とは生涯交流していた。その務台から、三木清が敗戦末期に憲兵に追われて逃げ込んだ若者に洋服を貸したことから足がつき、投獄されて拷問を受けながら悶死したことを聞いたという。小笠原は一九四一年に文官召集をうけてフィリピンに行った時、三木清とは同じホテルにとまるなど、出会う機会もあった。いずれにしても、田辺や務台の師弟関係をみると、弟子が師である西田の思想を批判的に発展させることがわかる。その意味で、小笠原は田辺哲学を真に継承・発展させたと言えると思う。

歴史的社会観

小笠原によれば歴史哲学は、個々の史実の研究ではなく、歴史の革命機構を究明する基礎的な立場で、ヘーゲルによって提唱され、マルクス、エンゲルスによって発展した。世界史を通じての民族の隆替《りゅうたい》と興亡は誰も認めるところであり、同一民族でも、農奴時代、王政時代、封建時代、現代と、洋の東西を問わず、符節を合わせたように革命によって移行した。ヘーゲルからマルクスへと弁証法を理解することによって、私たちは実にいきいきと歴史の動きを見ることができる。氏は「ヘーゲルの歴史哲学を学んだ時、世界を飛んでいるような印象を持った」と語っていた。氏は、マルクス主義については京都帝大時代に経済学の河上肇の講義を受けている。

大正の不況時代から日本の労働運動は激しさを増していった。小笠原の学生時代には一ツ橋の福田徳三と京大の河上肇の論争は天下の注目を集めていた。

氏によれば、京大で哲学の西田幾多郎と経済学の河上肇はひときわ光る存在であった。両教授とも純粋正直な篤学者で風采をかまわず、諄々《じゅんじゅん》と説き来り説き去り、大講堂は立錐の余地なく、教授、助教授、卒業した人たちまで集まった。思想の相異を別にして両教授とも学生たちの尊敬を集めていたという。

「資本主義社会はその発展の頂点で内部矛盾を起こして必ず崩壊し、やがて社会主義社会に革命される」と、それは前から進歩主義者によって繰り返されていた。彼らは「新資本主義社会は個人主義を基調とする自由競争の社会であるから弱肉強食、生存競争の修羅場で、大はいよいよ大となり、小は泡沫のごとくに消えていく。しかも一旦不況になると失業者が増え、拍車をかけて購買力が鈍り、収拾の不可能な事態を招き、結局、労働者大衆の蜂起によって新しい社会主義社会へと革命される。資本主義経済下では、商権獲得のための戦争生起もまた必然」と説いた。理路整然として一点批判の余地がないようにも見える。しかしながら資本主義から社会主義への革命というマルクスの予言はまだ実現していない。それは、自由主義、個人主義社会でも、その弊害を防ぐために独占禁止法その他数々の法律が規制を行い、福祉や医療施設の充実などが大衆を擁護して民衆の生活が向上し、労働運動も認められている現在では、赤軍派は別として、なかなか革命蜂起は起こりにくいのであると小笠原は言っている。当時起こった石油ショックを動機とした世界不況について、容易に立ち直るとは思えない、おそらく少なくとも数年はかかるのではなかろうかとみなしていた。ここで言及されていることは、一九七〇年代の社会、とりわけマルクス主義にたいしての小笠原の見方である。そしてマルクスの予言が当時まだ的中していない理由として二つの事実をあげている。

①現存の社会主義国家は資本主義の廃墟の上にできたものではなく、巨富を擁して暖衣飽食《だんいほうしょく》する一

握りの地主や特権階級と、飢餓に苦しむ農民大衆との争いが革命の動機であり、あるいは民族に目覚めた植民地解放戦の結果であり、決して資本主義の崩壊の上にできたものではない。

②ヘーゲル、マルクスの弁証法的史観は新しい社会観を纏める重要な理法にはちがいないが、何れにしても社会を形成している個人の個性が全く見落とされている。実存主義、実存哲学の台頭がヘーゲルやマルクスで希薄になった部分をとり上げる。

氏によれば、個の生命は、非合理的、非理性的なもので、法則化できないところに個の立場がある。理性（ロゴス）の底に情感（パトス）があり、真理の探究も芸術の創造もみな人間の奥底にひそむ激情、情熱が原動力であって、理性はただそれを規制しているにすぎない。しかも、個性の底にひそむ苦悩は、他人が肩代わりすることができず、ただその個性だけが担うほかはなく、それは信仰等によって解決される。社会発展の原動力は、個の力の集積であるが、個は深浅にかかわらずみな苦悩を内部にひそめている。弁証法の論理は、これを解決することができない。これが、暗黒で絶望的なヨーロッパを背景に、実存哲学のサルトル、ヤスパース、ハイデッガーらが現れた背景であるという。

サルトルの実存主義はレヴィ＝ストロースによって批判されて以来、六〇年代の構造主義へとうつり、さらにジャン＝フランソワ・リオタールやジャック・デリダらによってポスト構造主義へと哲学の流れが展開していった。ポスト構造主義の「差異の哲学」は、西洋文化における理性中心主義的な見方で扱われなかった世俗的なこと、マイノリティ、全世界等の領域に目差しを向ける道を開いた。そして現在のコロナ禍においては、再び人間存在の危うさが根底的に問われることになった。

それはともかく、氏によれば歴史哲学の弁証法論理から歴史をみると、洋の東西を問わず国家の興亡と民族の隆替は枚挙にいとまがない。しかも、これを単純に外敵の侵入と片付けてはならない。滅亡の原因は外部ではなく、実はその「内部」にある。時代の革命的交代も、前の制度が崩壊して新時代が誕生する原因は実はその内部にあることを知るべきである。古くはフランス革命、日本の明治維新、ソヴィエトの革命、中国の革命みな然りである。

革命は常にその民族を若返らせる。中国をよく見よ、それは素晴らしいエネルギーではないかと氏は言う。また維新の革命があった明治時代には軍はもとより政界、財界、学会、芸術界に、個性の優れた達人が多く現れて国運向上に限りない貢献をした。選ばれた少数とはいえ、学生たちにも相当の気概があり、霜夜をついて学問修業にはげみ、洋々たる前途に胸をふくらませたと言っている。

生命の科学論

一九七四年に小笠原は地質学者の北海道大学湊正雄教授への書簡の中で「私はいま自然科学史を通じて、人類の認識がどう進展したかのまとめを試みています」と述べている。両学者は氷河や地質古生物学の分野で情報交換をしており、東京で打ち合わせをした時には私も同行したこともあった。小笠原の言う試みとは「近代物理学への道」を「地球物理学」へ拡張するものであり、その過程で自ずから生命の問題に誘われたのである。「自然科学は自然に対する人類の自覚である」と見る氏にとって、それは当然の成り行きであった。そしてとりまとめたものが「生命の科学論」である。しかし氏はそれを公表するつもりはなく、あくまで自分自身で得心すればよいとしていた。

したがって細部に触れず、氏が考えていた基本的なことのみ述べておきたい。

生命の科学論は次のような事項に言及している。

①岩石学的に見た地球の歴史（選ばれた地球の環境条件）
②生物学的に見た地球の歴史（生命の自然発生、葉緑体の機能と酵素の発生）
③生物学的に見た地球の歴史（植物の繁栄と動物の繁殖）
④生命論（生命とは何か――生命の存在論的根拠、生命と環境、進化論）
⑤自然弁証法（ヘーゲルとマルクスの弁証法、エンゲルスの自然弁証法）
⑥物理的時間と歴史的時間
⑦環境問題（地球の終末的破壊を告発する）

最初の①については、地球を含む惑星の受ける太陽の光熱量及び地球を構成する九〇余の原子と生物に関係する原子構成から見て、地球が生命の繁栄にいかに適しているかを述べている。②の生命の自然発生のところでは、氏は、バナール・オパーリンの自然有機合成説は証明できない自然科学上の仮設であるが、あまりにも重大な提言であるという。地球の誕生した四十六億年から化石で生命発生が確認されるまでの数億年の間に、生命の起源となる有機物が偶然に発見された可能性は高いとする。ちなみに『対論　生命の誕生』（二〇一九）には、地球最初の生命についての最新情報が述べられている。高井氏によると、「最初の生命は約四〇億年前の深海の熱水噴出孔で誕生した」とし、それは代謝によって自らを複製する代謝型生物であったとする。それに対して山岸氏は「最初の生命は自己複製系のＲＮＡ生物」であったとし、それは乾燥した場所が必要であることから、「陸地の温泉付近」であったとする。両者の見解は微妙に異なっているが、最初の「生命は有機物のスープから生まれた」というオパーリンの説が基本のシナリオになっている。

④の「生命とは何か」について、小笠原は三つの本質面があるとする。それは栄養（エネルギー）、生殖（複製）および歴史性である。どんな原始的な微生物であっても、みな時間の流れのなかで生まれ、かつ、滅びる歴史性をもっていることを氏は重視する。単に生命の個体のみならず、種もまた種として生まれ、発展し滅び去る。生命を歴史として教えるのが古生物学であり、古生物学によって人

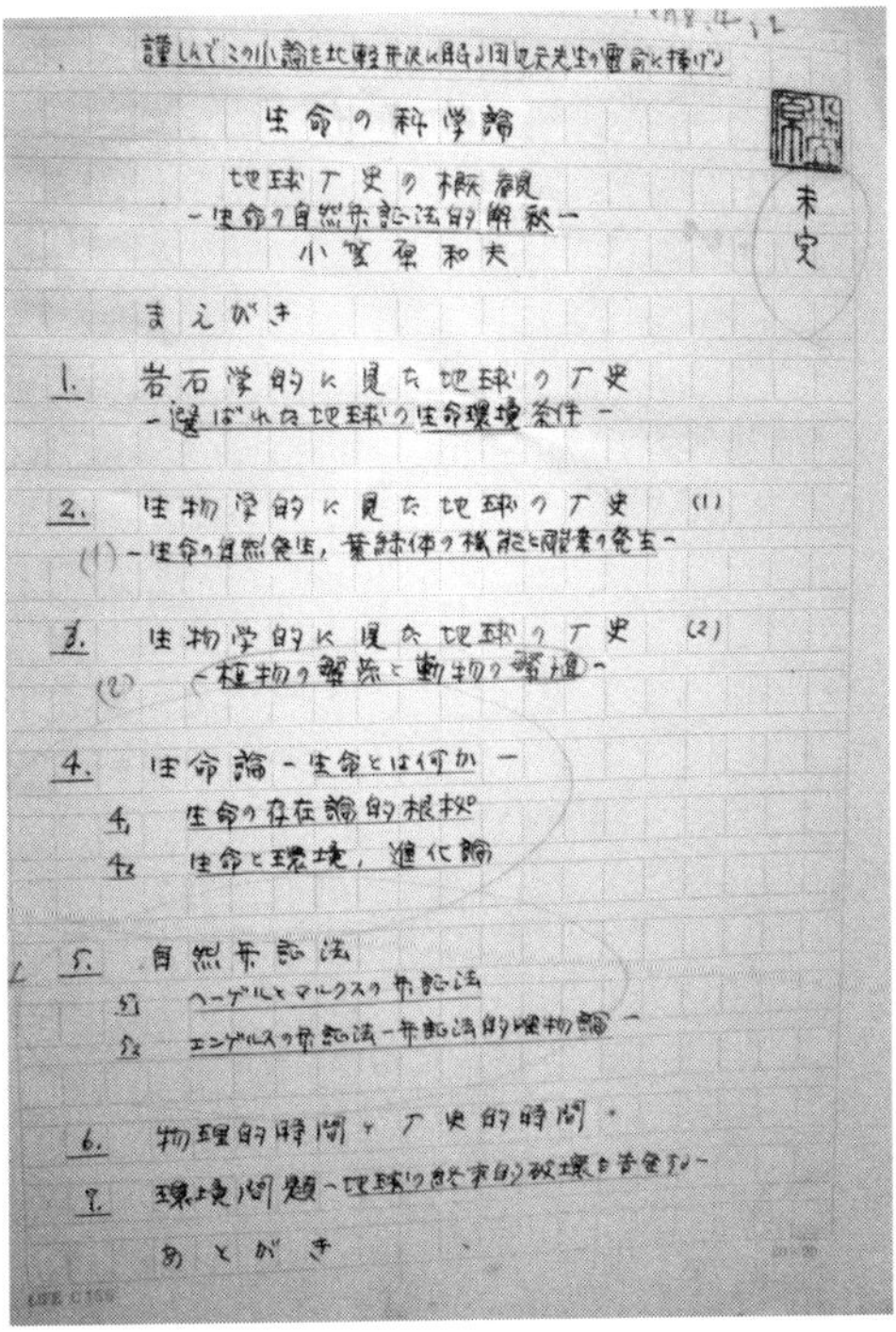

「生命の科学論」の未完成原稿

は生命の何たるかを理解する。

進化論はダーウィンによって代表されるが、『種の起源』は一九五九年の出版であり、丘浅次郎の『進化論講話』（一九〇四）が出版されたときに非常な反響を呼んだ。氏によればその内容は現在でも生きている。進化論にも多くの先駆的な業績がある。初めて進化の法則を体系化したラマルクやウォーレスの貢献も忘れることはできない。そして進化論の追及は今も続いている。新ダーウィン主義をはじめとしドフリースの突然変異隔離説など、育種遺伝の研究は脈々と続いている。進化論の骨子は適応放散と適応にあるが、ただこれだけでは進化の方向を示すのみであり、育種遺伝学、植物生理学、植物生態学、地球物理学など、多くの専門分野が相協力して内容を充実させていく必要がある。進化論は要するにこれらを総括する立場にある。

そして⑤の自然弁証法は弁証法的唯物論の自然観のことで、それは自然と生命を貫いた歴史的法則を教える哲学である。それにはまずヘーゲル、マルクスの弁証法とは何かを知る必要がある。ヘーゲルの弁証法は、世界史における興亡隆替の実相を裏付けるもので、次の二点が重要である。

- 世界史のそれぞれ時代を代表した民族は、みなその興隆爛熟の絶頂で内部崩壊を起こし、忽然と滅び去った。熟した果実が自然落下するように。（世界史の覇権交代はこの形による）
- 不死鳥フェニックスは営々と薪を集め、これを山と積んで火を放ち、自らの死の廃塵の中からさらに巨大なおのれを復活させる。（中国五〇〇〇年の易姓革命）

マルクスはヘーゲルの観念論的唯物論を批判し、唯物弁証法を提唱した。それは弁証法的唯物論であり、一切を物質優先の立場から見る社会革命理論である。ヘーゲルの観照性に対して、労働者解放という実践的闘争性にその根本的な特徴がある。社会における生産体制が時代に合わなくなって行き詰りを示すとき、社会は常に内部革命によって新しい生産体制に移行する。封建体制から明治革命を経て資本主義的自由経済に移行した経緯を見ただけで納得される。

自由競争の結果、大資本は市場を国外に求めることとなり、それが植民地争奪の戦争となった。だがマルクスの啓蒙によって、どれほど労働者大衆が浮かびあがったか。マルクスは近代史に明星と輝く。

氏によればエンゲルスの『自然弁証法』(一九二五)は、生命の自然発生から繁栄を極めている現在までを貫き通す生命の科学論である。最も単純な微生物への自然的有機合成に始まり、現在の高等な動植物群に至る進化のドラマは、正にフェニックスの絶え間のない滅びと甦りの繰り返しである。現在まで多くの種がその繁栄の頂点で、しばしば忽然とその姿を消した。

ところで、『地球の歴史』(二〇一六)を著した鎌田浩毅氏によると、古生代から中生代にかけて五回の大量絶滅が起こったとし、その原因について分析している。その中でも三番目に相当する二億五〇〇〇万年前の古生代と中生代の境界(P/T)で起きた絶滅が史上最大であった。三葉虫やサンゴなど古生代の生物が殆ど絶滅したとされる。その原因としては、スーパーホットプルームの大噴火による地球全体の寒冷化と大気・海洋の汚染および地磁気の変化による宇宙線の増加が雲の発生をうながし気温低下を起こしたこと、また地球規模の酸素欠乏が生じたことなどが考えられている。

五番目の絶滅は約六五〇〇万年前の中生代白亜紀末に起こったもので、恐竜の絶滅で有名である。これは巨大隕石の落下とそれによる火災や粉塵、地球規模の気温低下が原因である。

生物の大量絶滅について小笠原はどのように考えていたのだろうか。氏は絶滅の原因については造山運動や氷河気候の出現などもなしとはしないが、むしろ内因説を重視した。森林は高等植物から下等動物までたがいにひしめきあって満杯状態にある。上層の樹木が過繁茂になりはじめると、日光の地面到達が妨げられて子孫植物の生育が極端に衰えだす。古生代に繁茂したシダ植物も闇の中では生育できない。つまり過繁茂が絶滅の原因であるとした。

動物の盛衰は極めて激しい。海洋と異なり陸上動物の交代は特にはげしい。元来、サバンナのような草本地帯は雨量が少ない自然であり、一定面積で賄い得る草食動物の数にはおのずから限界があり、限界以上に増殖して草地を食い荒らすと、やがて取り返しのつかない砂漠化の危険を伴う。オーストラリアの一部では、カンガルーが殖え、牛や羊の牧場まで殺到して牧草を食い荒らして問題になっている。人間の計画的な農政と異なり、自然界の調整は難しいのである。

氏によれば中生代末期に恐竜が絶滅し、第三紀にはそれに代わって哺乳類の世界に移ったが、巨大なものが相次いで現れては滅び去っている。肉体の巨大が必ずしも進化ではない。巨大化するほど多量の餌を必要とし、生殖能力も減退するので絶滅の危険性をはらんでいる。牙や角の発達は外敵を防ぐ武器にもなるが、それを支える頭部の異常発達でやがて体格の均衡が破れるのみか、一層巨大化すると行動が阻害され、自在に密林内に侵入して獲物をとることができなくなる。しかも、その数が減り始めると血族結婚のために急に減少する。これらのことが氏の内因説の根拠である。

生命の理解に対して生理学（生物の物理化学）には限界があり、真に生命とは何かを知るには、生理学のように物質の側から生命を見るのではなく、存在論の立場からの観察が必要であり、進化論を骨格とした古生物学がそれである。生理学ばかりでなく、生態学も遺伝学も、みな古生物学に結びついて発展する。生命を自然物質の有機合成から現に見る生命の繁栄までを統一的に解明する自然弁証法こそは、不滅の学説と見る。これによって、カントからヘルマン・ワイルまで、物質とは何かの徹底した認識論に対し、批判哲学的に疎外化されていた生命は強固な科学論的立場を獲得する。この見方はカントの批判哲学の立場に立ちながら、その目的論を排してカントを踏み越えたものである。エンゲルスの自然観を、法則と混同してはならない。弁証法はそのような科学的法則ではなく、「理論」でもなく物理学のエネルギー恒存則に相当する「原理」に相当する。哲学的に人類史や自然史を見るときの指導原理であり、世界観なのである。

生命を物質から追及する生理学も、薬理学も、育種遺伝学も、発生学も、解剖学も、みな進化論に内容を供給し、進化論は古生物学に内容を提供し、古生物学は弁証的唯物論によって、鉄筋の入った堅固な認識論的構造をとる。生命とは何かについての機械論と物活論は自然弁証法で統一される。それは今西錦司の棲み分け論など、擬人的目的論の介入は許されない非情なものである。

ところで小笠原は湊教授との交流の中で、湊氏が地球気候の寒冷化を古生代のカレドニア、バリスカン造山運動や新生代のアルプス造山運動に結び付けていることを賞賛し、自らの雪氷理論に基づく寒冷化を湊教授への書簡で次のように述べている。

造山運動による標高の増大（山が高いほど緯度が高いほどよい）により、夏の積雪が気候的雪線以高に蓄えられると万年雪をつくる。氷河や氷床は寒冷乾燥（密度の大きな）気団を涵養し、低緯度海洋圏との間に還流を活発化して万年雪を涵養する。これがきっかけとなり連鎖反応的に大気還流が活発となるので、中緯度地方の温度がいちじるしく降下する。（略）

後氷期以降に現れた小氷期出現（一三～四世紀の鎌倉時代、一八～一九世紀の江戸時代）に対しては、ハンフリーズの火山微塵説を重く見ております。

小笠原は気候の寒冷化が生物に及ぼす影響を決して軽く見たわけではない。氷河気候の研究は重要な問題であるが、それには地質、地理、気象、海洋、雪氷など実に多岐にわたる知識を必要とし、しかも自由で大胆きわまる創造的総合力が要求されるとした。

日本観

ここでは小笠原博士の「日本観」に触れておきたい。

氏によれば日本の悲劇は、昭和初期の軍部の野望から始まったとする。戦えば必ず勝ち、勝てば必ず取る。彼等は日清・日露の両役における将軍たちの心掛けを忘れていた。食膳は兵士と全く異なる美食で、長いこと家庭を離れてしかも栄養肥満しており、不道徳な行動をとるなど軍紀が乱れた。聖戦と称して何百万人の兵を戦死させたばかりか、平和に生きる他国を犯して無用の殺戮を行った。小笠原がよく知っているフィリピンなどでも、一族のうち必ず二、三人は戦争の犠牲になっているという。

ともかく敗戦によって日本は滅亡を免れたが、民族としての真の試練が足りなかったのに、経済復興のテンポが余りに早すぎた。狭い国土はみるみる荒廃していった。敗戦再建のために日本人は実に懸命に働いた。しかも、これほど勤勉な国民はまたとあるであろうかとその国民性を評価する。

しかし戦後復興において建物等はバラック作りで、とても長期の国土総合計画に基づくものではなかった。和辻哲郎は、日本民族を「天孫民族」と批評した。常には気候風土のたまものとしての生活に恵まれながら、地震と台風にたちまち生活が覆される。このために、日本民族には長期計画の粘りが全然なく、いつの間にか後始末をしてケロリとして生きている。忘れた頃に勃発する天災は日本民族を復活させるために天が与えた試練として人はそれを受け入れてきた。

そしてその試練は平成年代の現在も続いている。阪神淡路大震災、東日本大震災、熊本地震の三つの地震により甚大な被害を受けており、二〇一九年の一九号台風では各地で河川氾濫が起こり甚大な被害を及ぼした。今後も南海トラフ巨大地震が予想されており、日本民族の底力を要する試練が試されつづけている。

一九七〇年代を俯瞰しての見解であるが、小笠原によれば吉田、鳩山以来政界に人材が生まれず、財界は利欲追求の集りと化した。産業立国が国是となると、輸入石油を湯水のように使い、陸と海も汚泥と産業廃棄物で埋め、国益のためには当然と、彼らの残した傷がいまうずき出している。日本を世界のために奉仕せよとはいわないが、世界は日本に奉仕するのが当然と、傍若無人の傲慢さが外国の顰蹙を買った。信用回復は容易ではあるまいと氏は言っている。

氏によれば日本の国土は狭く、もはや臨海工業開発の余地は少なく、工業開発を中心とする通産行政はあっても、農林行政を犠牲にした日本の政治は、思想・生活・経済の三方面で農村を破滅に導いたとする。開発のために土地を手放した農民は何処でもすでに路頭に迷っている。西ドイツ、フランスのどこでも森林資源と農村生活は守られている。人はアメリカを工業国という。たしかにアメリカは鉱工業資源に恵まれ工業国にふさわしいが、広大な土地を擁する大農業国であり、膨大な輸出能力をもつことを日本は最近認識したばかりである。日本は国民食糧の約四〇％しか生産できないのに、政府は財政援助までして稲作の減反を奨励している。飢餓が空襲や艦砲射撃より恐ろしいことは敗戦前後の体験で明白である。不幸にも世界戦争にまきこまれでもしたとき一体どうするつもりなのか。石油コンビナートの石油タンクは爆撃に弱い。近く予想される大地震で日本の工業地帯は全滅するおそれがあると指摘している。現在懸念されている南海トラフ地震を想定しているかのようである。

小笠原は一九七四年に京都帝大で教えを受けた天野貞祐《ていゆう》（一八八四～一九八〇）に対して九〇歳の祝賀を述べ、自身の近況報告をしている。その中で氏は日本について「工業発展で財を得ましたが、私は日本の行く先にどうやら不安を感じ出しました。昭和敗戦以上の危機と心配しております」と言っている。天野は日本で初めてカントの「純粋理性批判」を完訳した人である。これより二〇年前に、天野が池田内閣で文部大臣になっていた当時、山形で二人は面識があった。小笠原の感想に対する天野の返事は不明であるが、小笠原の不安の所在は見当がつくとろであろう。

氏によれば、一九七〇年代の日本は明治改革以来わずか百年で爛熟し、政治も経済も行き詰まり、社会秩序は混乱して腐敗の寸前にある。そして日本民族が生きのびるためには次の二つの方途よりないと言った。

①自己に目覚め、民族に目覚め、武力はもとより経済侵攻の一切を止め、各自家計を自粛して余裕をつくり、世界の模範として生き、大人に成長する。

②平和憲法をあくまで守り、アメリカ、中国と提携し、世界の安定勢力となって世界平和の鍵を握る。

この外に回復蘇生の道はない。

今より遥かにひどい乱世や飢饉にも生き延びて、われらの民族は輝かしい文化の歴史をつくった。新しい日本歴史は後に続く青少年がつくる。中国で日本軍が相手と血眼で戦っていたとき、鳥籠をさげた白髭の老人が、「馬鹿者たちが今日もいくさをしている」と笑って見ていたという。悠々たる長江五〇〇〇年の流れ、これが中国の底力である。

自我を自覚し、民族を自覚し、「蛇よりも聡く、獅子よりも逞しい」生活力、これが秘訣であり、この道理さえのみこめば、まだまだ日本民族の生きる道はある。

大変厳しい言い方をしているが、日本の方向を考える上で参考になるのではなかろうか。

第8章　詩歌の世界

短歌について

小笠原が育った山寺は芭蕉が「閑さや」の句を詠んだところであり、詩歌に馴染みの地であった。氏が東北帝大で学んだ石原純は、相対性理論の研究者であったが、二〇歳の頃から短歌に親しみ、「アララギ」同人として参加していた。しかし石原は歌人原阿佐緒と恋愛事件を起こし、大学を休職して千葉県の保田で暮らしていた。小笠原は保田へ行って石原の指導を受けたのであるが、その時短歌の話が話題になることがあったのだろうか。おそらく事件のこともあり、石原の方から短歌の話を進んですること

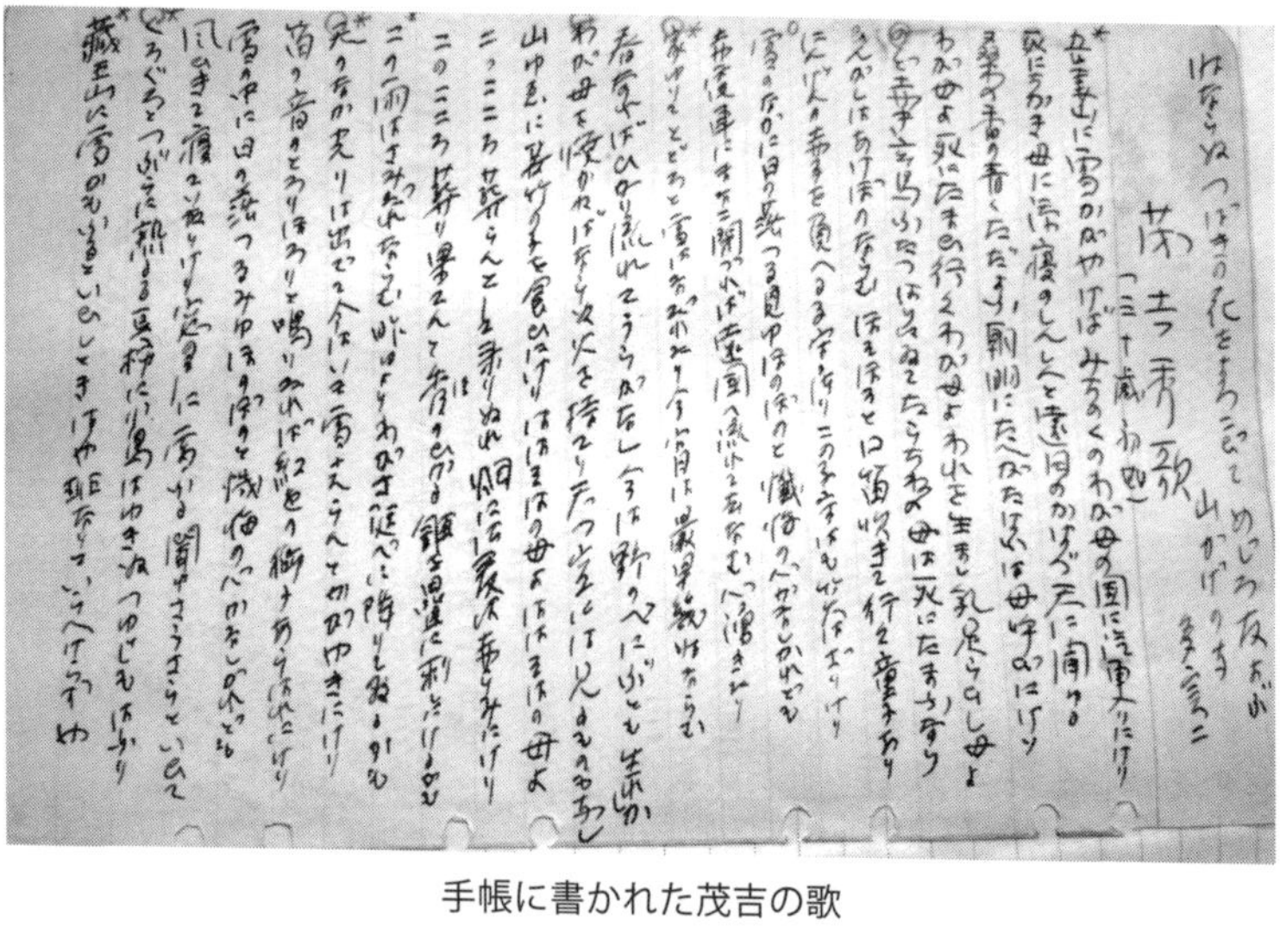

手帳に書かれた茂吉の歌

とはなかったと思われる。しかも石原の短歌における関心はアララギ風の短歌をはなれ、自由律短歌に移っていた。

石原によれば複雑な社会を表現するには従来の定型短歌では不適当であり、このような形式に閉じこもる必要はないという確固たる信念をもっていた。一九二四年には「新短歌」について次のように述べている。

私たちは只自由な芸術的良心に従って歌はなければなりません。古典的な趣味に浸ってふるい形式のなかに没頭する必要はないのです。幸いに現代語をもって制作することは既に長詩に於て、また童謡など於て広く行はれるやうになりました。何故に短歌に於てひとり古典語を守らなければならないのでせう。私はその合理的な理由をどこにも見出すことが出来ません。もし一たび現代語による短歌が多くの目覚めた新時代の人達によってつくられるやうになったら、もはや従来の短歌は古典化するに間もないことでせう。(『短歌文学全集』石原純篇)

例えば石原の自由律短歌には、次のような歌がある。

あかい椿が咲いてゐる　だれが　人間の心臓を　くろいというのだ。

工業都市のなかでは　人間は　黙ってはたらけばいいんだ。それでやっと機械並みになる。

「あかい椿」の歌は、題詠「生活憔悴」について詠んだものであり、次の歌は「工業都市」について詠んだものである。石原は定型をはなれて自由に詠んでいる。だが小笠原は石原の自由律短歌に全く関心を示していない。氏が関心を示すのは石原が「氷河の麓」について詠んだ、次のような自然詠であった。

あるぷすの山に雪降り、さむざむと　氷脈《ひようみやく》は嶺を埋《うづ》みけるかも

小笠原が教えを受けた田辺元もまた、アララギ派歌人であった。氏が京都帝大に入学した頃には田辺は海外留学から帰ったばかりで、弁証法の研究に入っていた。氏が石原純のいる保田にかよってい た頃、田辺は島木赤彦の歌論『歌道小見』に対する評論『歌道小見を読む』を短歌誌アララギに掲載した。田辺は「象徴の極致と写生の極致と一致する」ことに賛成しながらも、写生が主でなく象徴が主であるような創作も認めるべきではないかと提言している。そして石原もまた単なる自然を詠む歌でなく、官能的表現も取り入れた象徴の世界を考えていたのである。だが田辺は一九二一年の三六歳の時に短歌をアララギに一度発表しただけであった。自作の原稿を赤彦が推敲することに対する遠慮があったからである。しかし田辺は生涯日記として歌を読み続けた。アララギに発表した歌には次のような独白もある。

他夫《ひと》の子の泣くこゑ聞けば子を有たぬ我の心は寂しかりけり

田辺は一九四五年に退官して浅間山を望む北軽井沢を終《つい》の住処とした。五一年には献身的な千代夫人を病気で失った。この時期の日記に次の歌がある。田辺に命をささげた妻に対する思いと、哲学の思索をつづけた孤独な姿である。

浅間山わが思ひ妻朝夕に仰げば心足らひ清く澄むなり
天地の音みな絶えし雪山の夜のしじまにわれ独り醒む

田辺元は一九六二年四月二九日に亡くなった。辞世の句を次に示す。

大晦日けふの夕空金色に焼くわれの末期もかくあらばこそ

小笠原は病気により一九七九年五月二九日の恩師と同じ日に逝った。山形の自宅で「津軽じょんがら節」を聞きながら静かに息をひきとった。そこには偶然とも思えぬ縁を感じる。

ところで小笠原は万葉集から深い影響を受けている。奈良時代の風土に即した人間生命を理解するには万葉集が最もよいという。万葉集は中国文化の強い影響を受けつつも、日本人独自の心情をもる器として、観念的でない生の命を歌い上げているからである。氏によれば長歌は祝詞や宣命と結びついて発達した。短歌の生命はどこまで深く生の実感を表現するかにあるが、歌う芸術であるから流暢と重厚をかねそなえ、かつ朗詠して余韻を残す必要がある。字余りをきらうのはそのためである。字面がよくても朗詠になめらかなものと渋るものとがあり、朗詠するとすぐそれがわかる。

万葉集で小笠原の好んだ歌人は人麻呂や赤人などであった。人麻呂は挽歌の詩人だという。その心の根底には滅びゆく時代や人間への限りない愛情と思慕があり、いわば滅びの意識をもった大詩人である。そして氏は次のような歌をあげている。

ひんがしの野にかぎろひの立つ見えてかえりみすれば月かたぶきぬ　（巻一　人麻呂）
青駒の足掻きを速み雲居にぞ妹があたりを過ぎて来きけり　（巻二　人麻呂）
若の浦に潮満ち来れば潟を無み葦辺をさして鶴鳴き渡る　（巻六　赤人）

小笠原が影響を受けたもう一人の歌人は斎藤茂吉である。氏は茂吉や赤彦はいうに及ばずアララギの主要歌人の歌には接している。そして茂吉が単なる歌人ではなく科学者であったことに注目する。氏によれば茂吉の写生は「実相に観入して自然と自己一元の生を写す」ことである。茂吉の歌は渾沌にして平明である。

次の歌は北アルプスの自然について、川田順が『鷲』（一九四〇）で立山連峰を歌ったものである。

山空をひとすじに行く大鷲の翼の張りの済みも澄みたる
立山が後立山に影うつす夕日のときの大きしづかさ

この歌に対して、小笠原は「わたくしたちの立山・黒部の科学がいつになったならばこの芸術にせまることができようか」と言っている。氏にとって芸術と科学は一体とした価値なのである。

山と言えば、氏が好んだもう一人の放浪歌人をあげなければならない。それは若山牧水（一八八五～一九二八）である。小笠原が京都帝大に在学中、夫婦で京都北白川に住んでいた時、第八高等学校に入学した青年に部屋を貸したことがあり、その青年が牧水に熱中し、やがて肺結核で退学した。小笠原が台湾へ行くとき、その青年は同行することを望んだが、氏は病気故に青年の希望を断った。やむなく青年は合歓の花を詠った短冊を氏に送ったという。以来、氏にとって合歓の花と牧水は忘れられない思い出となったのである。

牧水は宮崎県の生まれであるが夫人は信州の出身である。上州を愛し一九二二年に草津温泉へ通じる暮坂峠で歌を詠んでおり、碑も建てられている。小笠原は一九七〇年に利根川源流吾妻川の調査を行っている時に、牧水が逍遥した暮坂峠で牧水の歌を偲んでいる。次は牧水の歌である。

真ひがしになびきさだまれる浅間山のけぶりのすゑの雪のむら山
浅間山の北の根にある六里が原六里にあまる枯すすきの原

氏によれば牧水の歌は優美でおおらかであり、自己主張をしているところがない。その歌は、茂吉や赤彦のアララギ派短歌とは行き方が違うが、これは類型のちがいであって、あえて優劣を論ずべきものではない。牧水は芭蕉や良寛などと同じく東洋的な老壮虚無の境地に生きた天才詩人である。小笠原は芭蕉が奥の細道行脚中に平泉で読んだ句「夏草やつはものどもが夢の跡」に比較して、牧水の次の歌は見劣りしないと言っている。

かたはらに秋ぐさの花かたるらくほろびしものはなつかしきかな　（牧水）

周知のように、「夏草や」の歌は、芭蕉が一六八九年に平泉を訪ねた際に、藤原氏の栄華と滅亡、義経の死に対する思いを詠んだものである。牧水の「かたはらに」の歌は、牧水が二〇歳後半に浅間山麓に逗留した時に、小諸城における武田信玄の戦いや徳川時代の武将の興亡を詠んだとされる。それは牧水が味わった心の虚しさを反映したものでもあったと思われる。現在、この歌は小諸城址懐古園の石垣に刻まれて碑となっている。

ところで私は小笠原博士が眠る山形市近郊にある千歳山の麓にある平泉寺《へいせんじ》を訪ねたことがある。平泉寺は天台宗の古刹であり、桜の木の下にある石碑には、茂吉に師事した結城哀草果《ゆうきあいそうか》の短歌「栗のいがの青きがおちし裏庭をいがをぬらして雨はふりをり」が彫られていた。さりげない日常に焦点をあてた自然詠である。哀草果は板垣家子夫《いたがきかねお》とともに、疎開していた茂吉と一緒に秋田旅行などをして交流していた。板垣家子夫は茂吉を大石田に疎開することを進めた人である。そして小笠原は家子夫に自著『山と水の自然』を送るなど、交流していた。

千歳山は松に覆われた形の良い山であり、千歳山大日堂に見守られて小笠原の墓がある。

千歳山の平泉寺墓地

小笠原和夫博士の墓

俳句と論文

小笠原博士は芝浦工大に勤めた頃から旅日記として俳句を作成している。小笠原の俳号『栖嵐《せいらん》』は、「深山幽谷の嵐気《らんき》に栖《す》む」という意味で、東京高工からの友人原工学博士から贈られたものである。氏によれば自然科学と同様に、哲学も宗教も文学も人間の目覚めである。長歌と短歌、俳句は日本の伝統として世界に誇る芸術である。歌は万葉、古今、新古今にそれぞれの特色があり、優劣はつけられない。いまも毎年一月の宮中の歌会始が伝えられている。俳句の伝統は徳川以来で新しいが、広く一般庶民の好みにあい、芭蕉、蕪村から一茶や各地方の宗匠まで、きわめて厚い層をもつ芸術である。歌も俳句も命の息吹を訴える。傑作が数限りなくあり、日本人の根本理解にこれほど適切な対象はない。

小笠原は蕪村の句を好んだ。蕪村は有名な南画家でもある。南画は中国の伝統であるが、何時か日本に深く根をおろした。南画と俳句のいずれも、日本の美の生粋を表現している。そして氏は一茶の句に人生の深みを見る。一茶は生まれ落ちるときから薄幸不遇、漂泊の長旅を終え、晩年を郷里信州の柏原に送った。今も残るその棲処は、一茶の風格を表している。一茶の句は不幸なものへの同情であり、しかも動物や植物への愛にまで徹底している。

また芭蕉は生涯、旅を住処とし、人生と自然を気のすむまで捜し歩き、「芭蕉の前に芭蕉なし、芭蕉の後に芭蕉のなし」である。杜甫に傾倒し、老荘に徹底した芭蕉は、東洋的聖者の道を誠実に歩んだ求道の人であった。

小笠原によれば俳句と自然研究にはつながりがあり、論文の作成も、俳句に学ぶところが多い。そして論文と俳句の関係を次のように言っている。

①自然に対する鋭い観察は俳句でも科学でも同じことで、観察の不徹底は良くない。よいテーマは一期一会のめぐりあわせである。俳句はそのことを非常に重く見ているが、自然研究も同じことで、強く心のカメラに焼き付けて、ひょっとした機会に、自然と胸に浮かんでくるような心構えが大切である。一切の先入観を排し、虚心誠実に見ることが大切である。
②自然研究には理論的まとめが必要である。理論というのはギリシャ語のテオーリャに当たり、「真実観相」というような意味である。私の前に展開している現象の本質は何か。それは初等幾何学の証明に必要な補線と同じく、補線を引くことに成功すれば容易に証明は成功する。目に見えぬ補線を全体においてつかまえる。
③科学の真も芸術の真も、現象の奥にあって、なかなか見つからない。これが見つかるのはチャンスである。アルキメデスが浮力の真理を風呂の中で発見し、裸で町を飛び歩いた話は有名であるが、天才の発見は多く「偶然の思いつき」がきっかけである。
④科学論文を書く場合には、最も単純明快でわかりやすく書くのが秘訣である。科学論文にあいまいは禁物であり、美辞麗句はもとより形容詞は一切不要である。俳句は五、七、五の十七文字で、中に季語の約束が入るので、わずか十字ほどに、しかも、自然と人生の底を見た表白をしなければ

ばならない。俳句は論文を書くときの秘訣を教えてくれる。語句、語録を十分知っていることが文章の秘訣であり、それには古典を多く読むと良い。

小笠原は歌や俳句をかなり味わったが、自らつくることはなかった。しかしあるとき俳句に似たものができ、それを言葉に吐き出してみて、なるほどと悟ったという。一九六〇年後半から制作された小笠原の俳句を次に紹介する。まず山寺の歌と共に、山寺から二口《ふたくち》峠をこえて宮城県の秋保町（仙台市太白区）を結ぶ街道沿いにある馬場の大滝（秋保大滝）を詠んでいる。その高さはそれほどでもないが、滝は水量が豊富でありダイナミックな景観であると氏は激賞している。

たぎり落つ滝のしぶきに紅葉散る　（馬場の大滝）
山寺や鐘こだまする夏の陽さがり　（五大堂）
立谷川寒々流れカワガラス飛ぶ　（立谷川の厳冬）

芝浦工業大学の大宮キャンパスで講義していた頃、平林寺や武蔵野の林を詠んでいる。大学の近くに中仙道の宿場である岩槻町がある。

岩槻は昔ながらの雛の町
肌荒れし農夫の笑顔牡丹花

木曽川と草津白根山の調査では島崎藤村や木曽義仲などを偲んでいる。島崎藤村は氏に思想的な影響を与えているが、氏は木曽路の調査で義仲になみなみならぬ関心を寄せている。

木曽義仲は二六歳で平氏討伐の旗揚げし三一歳で槿花《きんか》一朝の夢を終えた。上洛を果たしたが、その後京都の六条河原に敗れた時にはわずか七騎であったといわれる。氏によれば木曽冠者義仲こそは、木曽谷が育てた野人の人である。源頼朝の正統源氏は三代で滅んだが、義仲の後裔は戦国時代を切り抜け、徳川期まで木曽に勢力を保存した。現に木曽路における義仲追慕には相当のものがある。鴨長明は頼朝の墓を訪れ「草も木も靡きし秋の霜消えて空しき苔を払う山風」と詠んだ。頼朝の行為の虚しさをうたっているともとれる。義仲追慕にまして感動なのは、俳聖芭蕉が大津義仲寺《ぎちゆうじ》の義仲の隣にその墓をつくり、「木曽どのとせなか合わせの夜寒かな」の句を詠んだことであろう。その思いをこめた小笠原の句である。

藤村の夜明けの前や秋霧《きり》深し　（馬籠永昌寺奥書院）
木曽殿がここに眠るか夏木立　（旗上げ八幡徳音寺）

次は上州の暮坂峠で牧水を偲ぶ句である。草津白根火山から白砂山かけて水資源調査を約三カ年実施した時の記録である。

暮坂やなく虫も絶え人影もなし
この道や竜胆の花牧水のうた

京都伏見の醍醐寺は豊臣秀吉が好んだ三宝院庭園があり、周囲は桜の名所として知られている。醍醐寺から西方に約一キロメートルのところには、明智光秀が信長を本能寺で襲った後に、落ち武者狩りで落命したと言う小栗栖《おぐるす》の「明智藪」がある。

太閤の栄華を偲ぶ八重桜 （伏見醍醐の三宝院）
光秀が血の叫びなり山ほととぎす

小笠原は一九七〇年の秋に出雲崎の良寛、信州柏原の一茶の旧居を訪れ、深く感動した。秋は穣りの秋といわれるが、終末の晩鐘の鳴る秋でもある。木々は葉を落とし、動物は穴にもぐって深い冬眠に入る。人々はみずからの殻に閉じこもって、ひたすらおのれを守る。深く人生を生きるものには老壮虚無の哲学が望ましい。捨て得る限りのものを捨て去って、はじめて人生がわかりはじめる。

現在、一茶の墓のある場所には新たな記念館が建てられている。そこには一茶を偲んで建てられた俳諧寺や一茶の立像があり石碑には「初夢に古郷を見て涙かな」とある。長い漂泊を経て故郷に帰った時の感慨を詠んでいる。

芭蕉は「送られつ　送りつ果ては木曽の秋」、「このみちや　行く人なしに秋の暮」などと、深く虚

上：俳諧寺近くにある
一茶像と石碑
（初夢に古郷を見て
涙かな）

下：一茶の墓

無を見つめた聖者の感慨がうかがわれる。そして氏もまた一茶の生家や戸隠で秋の寂しさを詠んだ。

秋立つ日一茶のいほり訪ねけり　（信濃町柏原訪問）
鬼女の棲む戸隠山は秋霧《きり》深し　（戸隠神社）

次の句は、生態が謎とされていたホシガラスの営巣地を立山カルデラの断崖のオオシラビソ林で発見した時の感動を詠んだものである。黒部立山調査の余滴である。

雪とけてホシガラスの雛巣立ち行く　（立山弥陀ヶ原）

次の句は一九七三年（七四歳）にゆれる世情を詠んだものである。氏がこれまで経験したベトナム戦争、スエズの動乱、石油問題をきっかけとする世界経済の混乱などにまどわされず、自由奔放に生きることを宣言した俳句である。

動乱の明け暮れなれど初日の出　（七四年元旦）

小笠原博士の晩年は大変多忙であった。その中にあって、氏は文章を書くのが電光石火のように早かった。原稿の書き方は独特であり、事前に方眼紙にメモしておき、ある時点で論文を一気に書き上げた。私がある日、目黒区にある博士のご自宅を訪れた時、机上の万年筆を何気なく見ると、そこには「ペンは剣よりも強し」と彫刻されていた。まさにそのペンで、石をノミで削るように、論文等が創られたように思われる。

氏によれば「古池やかわずとびこむ水の音」「閑さや岩にしみ入蟬の声」など禅悟枯淡の芭蕉の境地は誰にも真似ることができない。また真似てはならないが、

道ばたの木槿は馬に喰われけり　（芭蕉）
柿喰えば鐘が鳴るなり法隆寺　（子規）
流れ行く大根の葉の早さかな　（虚子）

など写生の極意をつかんだ傑作と思われ、俳句の勘所もこのあたりにあろう。これらの名句をドイツ語や英語にするとどうなるか。味わいがまったく変わってしまう。日本語は科学論文には不適当な言葉といわれる。しかし曖昧に底知れない大和言葉の特色がある。氏によれば芭蕉の句「閑かさや」などを賞賛したドナルド・キーンやライシャワーなどは、日本人以上に日本語を解釈し、日本人を理解した達人である。

第9章　信仰遍歴について

小笠原の育った山寺には、九世紀に慈覚大師が開山したとされる天台宗立石寺があり、氏の実家の宗派も天台宗である。小笠原が東京高工を過ごした一九二〇年代前半は第一次世界大戦が終わった後で、民主主義思想が世界を風靡し、青年たちが夢と希望をもった時代であった。氏の自由主義的思想のルーツはこの時代に培われた。

その後の京都時代には、内村鑑三は無協会の福音主義を唱え、すでに刊行されていた西田幾多郎の『善の研究』（一九一一）と倉田百三の『出家とその弟子』（一九一七）が洛陽の紙価を高めていた。『出家とその弟子』は帝国劇場で上演されてもいた。在学中には、京都・奈良の仏教文化に触れ古寺を訪れている。

台湾では浄土真宗の大谷光瑞猊下と交流があり、後年勤めた富山大学も真宗の盛んなところであった。氏は生涯にわたり宗教的環境に恵まれていた。そして氏は「わたくしに仏の有り難さを教えたのは坊さんではなく、祖母や母であった」と回想している。

小笠原によれば哲学は科学に筋金を入れ、宗教は哲学に深みを与える。京都時代を想起すれば、西田幾多郎は雪の深い金沢で生まれた。そこは真宗王国の真ん中である。西田哲学の根底には禅がある。同郷の学友に鈴木大拙がいたことは西田哲学を不朽なものとした。

六〇年来の友人である鈴木は「西田の思い出」（一九四五）で、西田は「最も深い意味での誠実の人であった」と述べている。「自分のわからぬところを何處までも推究して行かなければ止まない」意志をもち、論理性と哲学的直観力で哲学を構築した。そして西田は仏教についてもとりまとめる構想をもっていたと言っている。

小笠原によれば西田は禅のみでなく最も深く『歎異抄』を理解し、『善の研究』にも愚禿親鸞が語られている。西田哲学が難しいと言われるのは、その論理ではなく、その基礎にある西田の宗教的体験が難しいからである。

そしてまた、田辺元も深く宗教を考察した。それは西田哲学を超克するためにも、必須の検討であったと思われる。宗教に係わる書として『哲学と詩と宗教』（一九五三）、『禅源私解』（一九六〇）、『正法眼蔵の哲学私観』（一九三九）などを著している。戦後、田辺は『懺悔道としての哲学—梗概《こうがい》』（一九四六）の中で戦争責任を懺悔としてとらえ、「親鸞」に導かれて「みずから愛の教化を実践するのが哲学である」と言っている。小笠原は京都時代には波多野精一の宗教哲学にも接し感動している。

台北帝大に赴任して間もなく、小笠原は無教会の青年伝道師に巡り合い、その情熱にひかれて一時はキリスト教的な生活を続けたことがあった。氏は内村鑑三の全集を読み、旧約聖書はもとより、新約聖書は暗誦するほど読み返した。この時にキリスト教を自分のこととして徹底的に考えたのである。氏によれば旧約から新約へと、神エホバの契約のふみは、モーゼをはじめ数々の予言者、ヨブをはじめ数々の聖者を配した傑作で、名文中の名文であり、ドラマとしても世界の文献にこれ以上の名作はないに違いない。しかしこれをドラマと見ては裁きをうける。

旧約で「義《き》の神」「審《さばき》の神」として人をおののかせたユダヤの教義は、新約では「悩める者、貧しき者への純愛《アガペ》の教義」となった。正に救主イエスの出現である。しかも、パウロの伝道によりユダヤ人が「豚に等し」とけなした異邦人にまで及び、エホバの契約は、その選民たるユダヤ人の宗教から世界宗教へと成長した。「イエスのキリスト教かパウロのキリスト教か」といわれる所以である。使徒行伝には教徒の迫害弾圧に向かったサウロがダマスコの門で神の召命をうけ、回心する情景がドラマ的に鮮やかに描かれている。ロマ書の始めに述べられたとおり、パウロは、「キリストイエスの僕、神の福音のために選び分たれ、召されて使徒」となり、棘を背負った受難の大伝道に火蓋を切った。ユダヤ人からもロマ人からも石や鞭でうたれ、難船しては海上を漂い、盗賊の難にもあい荒野に飢え、労に苦しみ、眠られえぬ夜を裡ですごし、とコリント後書に記されている。パウロはいばらをせおって万里の道を走り、キリストイエスの福音を宣べ伝えた。遠く離れた信者たちが信仰に迷いを起こさぬようにと、ロマ人に、コリント人に、ガラテヤ人に、エペソ人に、ピリピ人に、コロサイ人に、テサロニケ人に懇切丁寧な書簡を送って励ましを与えている。みな異邦人なのである。これらの書簡はすべて聖書につづられ、不朽の傑作である。神の契約を確信することなくして、だれがパウロの苦難を真似ることができようか。しかも、テモテ後書を見ると、「われは既に犠牲《いけにえ》として自らを捧げ、世を去る時が近づいた。わが戦いを見事に戦い、走るべき行程を走りつくし、今や義の冠われを待つ」と、自らの十字架を見上げている。パウロは神の予言のとおり、ついにローマで殉教した。キリスト教がローマの国教になったのは、このパウロの殉教がきっかけである。旧約から新約へと神の契約の厳粛さ、信仰にうすい異邦のわたしたちさえ襟を正さずにはいられない。以上は小笠原のキリスト教に対する考えである。

氏によれば中世期に入り、キリスト教が堕落したのは事実であるが、植民地政策の道具にされたことが特に悪かった。フランシスコ・ザビエルが鹿児島に上陸してこの信仰をつたえたのは一五四九年であるが、名だたる戦国大名たちの間に燎原の火のようにひろがり、現実主義で信心ぎらいの信長さえ保護を与えた。しかし一五八七年に秀吉によって布教が禁止され、徳川時代に入って、その禁制は過酷を極めた。そして島原の乱による弾圧が起こった。キリシタン禁制が解かれたのは一八七三年の明治になってからである。一般の民衆は明治時代の末期まで、キリシタンバテレンは魔法を使う邪教と信じ込まされていた。

小笠原は一九七一年頃の木曽の調査でマリア観音の石仏を見て、山深い木曽谷にもかくれキリシタンが住んでいたことを知った。奈良井宿や須原宿にはマリア観音の石仏が残っている。マリア観音は苔むしているもののあれば首が刎ねられ嬰児は割られている無惨な姿をしているものもあった。厳重な幕府の探索を逃れて、なおその節義をまげなかった庶民の根性が偲ばれる。日本の至るところに史跡としてあるキリシタンの殉教者たちには限りない同情を捧げると氏は言っている。小笠原によれば弾圧の下で長い間信仰をもちつづけたことは日本文化史上の一つの偉観であり、日本人にそのような誠実さがあったことは追及して学ぶ価値があるとした。

氏の祖母は神仏を深く崇め、仏の命日には一切の魚肉を断つほどの篤信者であった。その祖母は氏がキリスト教にあまりにも熱中していることを心配して、詰問したこともあったそうである。母は氏に情操を養い魂に内容を与えた。だが、戦争末期のどさくさの中で、氏は母が死去した知らせを受け取ることもできなかった。

以前、宗教は阿片に例えられた。阿片は人を酔わせて廃人にするが、信仰は廃者を甦らせる。キリスト教は二〇〇〇年を通じて、幾億の魂を救い、その残した文化の業績は筆や言葉につくしがたいとする。

ヨーロッパ近代の芸術がすぐれているのは、その基礎に宗教があるからである。宗門に昔日の面影はなく人々の信仰に深浅の相異はあっても、ヨーロッパ人には魂の内奥にキリスト教があり、それが哲学に文学に芸術に、見えない基礎となって底力を与えている。日本の知識層にはそれがわからない。したがって、「祈りの画家」といわれたルオーの芸術の解釈が浅くなる。すぐれた芸術は異邦人にも訴える。ただ、「すぐれている」だけでは深さはわからない。ルオーの血にはカトリックの信仰が入っている。しかも、戦争の惨禍と絶望、底知れぬ孤独と悲しみ、それを絵画に表現したのがルオー芸術であると氏は言っている。

『教養物理学』で氏は、神から離れて独り歩きを始めた人間の自覚を語り、人間が開示した科学の進歩――物理学史――を克明に紹介した。イギリスの学者フランシス・ベーコンが指摘したように、科学の発展は、おそらく当時夢想もしなかった世界を開拓した。元来、科学技術の発祥の地ヨーロッパは、土地は痩せ、太陽の恵みの少ない地域である。彼らは科学を駆使して土地は肥えて、太陽の恵みの多い南方地方へ進出した。当然、植民地争奪の戦争が起こった。今世紀に入って二度の大戦を経験した。その結果は何の得るところもなく、絶望がヨーロッパを襲った。神から離れた人間がいまや進むに進まれず、引くに引けない断崖に立った。このヨーロッパの暗黒、絶望、魂の戦慄が日本人にはわからないと氏は強調する。従って、実存哲学を日本に紹介しても、深みがないから訴えることができない。原子爆弾や水素爆弾の製造は地球を破滅に導き、生化学や薬理学の発達は、人間の生命を脅かす公害問題を発生させた。氏は、ヨハネの黙示録に戦慄を抑え得ないという。ただ歴史は常に危機のくりかえしで、危機の中から新しい時代が生まれる。その新しい時代はどのようなものであろうか。

氏によれば、仏教には学を究め、業を積むことによって悟りを得る「大乗仏教」と、ただひたすらに弥陀の本願に帰依する「小乗仏教」とがある。親鸞は学の蘊奥《うんのう》を極めた達人であるが、それによっては、「庶民はもとより、自分みずからも救われない」と判断し、「救いは弥陀の本願なり」と大悟した。パウロが「救いは神の契約なり」と確信したのと同じく、ここにキリスト教と浄土真宗の信仰的共通性がある。シュライエルマッヘルは、「絶対帰依」を信仰の本質と喝破した。ここに氏は仏教とキリスト教の共通性を見ている。鈴木大拙も浄土真宗が唱える南無阿弥陀仏の「南無」は帰命することであり「一心に身命を無量光仏に奉ってしまう」ことで、これはキリスト教の「オー神よ、われを助けたまえ」に当たるという（『大拙つれづれ草』）。大拙もまたここに両宗教の共通性を見ている。

日本の宗教についてみると、平安末から鎌倉期にかけて、日本の歴史上の最大の危機があり、宗教が大きく改革されたとして、氏は次のように述べている。

実存という言葉こそなかったが、正に日本民族のなめた記録的な苦難と見られる。法然（一一三三〜一二二二)、親鸞(一一七三〜一二六二)、道元(一二〇〇〜一二五三)、日蓮(一二二二〜一二八二)を始め多くの宗祖が相次いで現れ、いわゆる鎌倉仏教を開示して衆生済度の道を拓き、日本民族再興の精神的原動力となった。(略)日本のこの宗教改革はルーテルの宗教改革(一五二一)よりも三〇〇〜四〇〇年も早い。文芸復興期を代表するレオナルド・ダヴィンチ・デカルト・スピノザ・ライプニッツ・パスカル(一四五二〜一五一九)らにくらべて日本人の自我の自覚ははるかに早い。これは特記すべき重要事である。宗教も哲学も文学も結局は〝人間とは何か〟の問題である。(『教養物理学』)

小笠原は鎌倉仏教を「日本人の自我の自覚」のピークとしてとらえている。

ここで小笠原の親鸞観を述べておく。

一九七二年に茨城県笠間市稲田の西念寺に親鸞上人の遺蹟を弔っての感想である。親鸞が誕生した年は平清盛が世を去った時代であり、源平の権力争いが始まり、長い戦乱が幕をあけはじめた頃であった。戦乱と飢饉のために庶民は地獄の苦しみをなめており、猛将たちが武門を捨て仏門に帰依したほどの暗黒時代であった。天台大乗仏教の奥儀を究めたとしても、叡山では親鸞を救えなかった。六角堂での百日修行ののち、法然の弟子として専修念仏の徒となったが、宗門のねたみから告発をうけ、後鳥羽院の怒りをかい、法然は土佐に親鸞は越後に流謫《るたく》された。

一二一一年に刑が解かれたが、法然は帰洛してやがて死去し、親鸞は越後で三年間の布教をつづけた。この頃に恵信尼と結婚している。仏教では釈尊以来、僧は出家遁世、肉食妻帯を禁じていたが、親鸞は堂々と妻帯した。ここに宗教改革の面目があると氏は言う。「非僧非俗」の立場で、庶民にみほとけの慈悲本願をつたえることを選択した。つまるところ法然、親鸞により貴族だけでなく百姓等一般庶民まで浄土信仰が広まった。親鸞は三年の越後での布教を終えると約二〇年におよぶ常陸地方への布教の旅に出た。稲田には最も長く滞在し、ここで根本聖典「教行信証」を書きあげた。

ただ小笠原は親鸞の教義には大きな矛盾が内包していると言う。それは血縁に法灯を世襲させるために堕落はまぬがれないことである。法灯が栄えるほど庶民に君臨し、庶民の友でなくなり弥陀から離れていくことである。それは親鸞自身が最も嫌った事である。氏によれば「教行信証」や「歎異抄」は不滅の真理であるが、真の信仰は親鸞一代限りのものと見るべきであろうという。親鸞ほどの偉大な思想は消え去ることはなく、伽藍の法灯はうすれても、民衆のなかに生き続ける。親鸞の原始に帰り信仰するところに救いがあるとする。

一方で中世の仏教の代表は鎌倉新仏教でなく、南都六宗、天台宗、真言宗であったとする見方がある。鎌倉新仏教の各宗派が多くの信者を獲得するのは室町時代以降である。『奇跡の日本仏教』（二〇一四）で島田氏は「鎌倉仏教を過度に評価する視点から脱しなければならない」としている。仏教の普及という観点からみればそうかもしれない。ただ小笠原が鎌倉仏教に宗教改革を見ているのは人間の自覚の深さを見てのことであり、親鸞、道元、日蓮などの深い人間自覚がなかったら、後世にこれほど仏教が広まったとも思えない。

小笠原は始終一貫自我に生き抜き、傍若無人、天衣無縫、常に反体制を堅持し名利を求めず、学生紛争にも捲き込まれず、世間を避け、でき得る限り世の中のために走り続けた人であった。「八苦の娑婆」といわれながら今まで至極めぐまれた生活を送ってきた。そして「七〇歳を過ぎて何もかも見たわたくしには、世俗に起こる普通のことには最早や度肝を抜かれる恐れはない」と氏は言っている。

氏によれば、「人は他人の死を語るが、だれも自分の死の経験を語ることができない」「死んでも人には未来がある。弥陀のいます、極楽浄土である」と、これが浄土真宗の教えである。未来を確信する老婆に死の恐れはなく、むしろ死は、「八苦の娑婆からの解脱」である。キリスト教でも「病の床にも慰めあり」と、イエスが背負った棘の苦しみを苦しみとして、苦しみを耐え忍び、たとえ火刑に遭うとも、イエスを雛形とし、むしろ、それが「栄光への天国」への途として喜んで死地につく。私たちはこのようなモデルを数多く知らされているとする。

そのうえで、氏は「科学者の端くれ、わたくしには死後の未来は信ぜられず、死とともに〈一切空〉の確信がある」と言う。悟れば「生死一如」と言われる。昔の武士たちは「生き恥をかく」ことを極端に嫌い、「死の覚悟」を修行した。それは独り「葉隠れ武士」の一団だけではない。武士道の極致は死の覚悟である。剣禅一致、山岡鉄舟など自らの死期を悟り、坐禅のままで息を引き取ったとされる。禅僧にはこのようなことは決して稀ではない。鉄舟は、「両刀鋒《りょうとうほこ》を交えて、避くることを須《もち》いず」という頌《じゅ》を解した。中には葬式の御馳走には筍がよいなど、万端指示して遷化した高徳の逸話もある。最初から「一切空」の悟りが開けるはずはなく、やはり修行の極致と言うべきであろう。

このように、氏は東西の宗教について影響を受けていた。そしてカントの純粋理性批判を基礎とした「認識論と科学方法論」としての人間の自覚が、氏にとって最も深い意味での「人間の悟り」として深く信じられていたように、私には思われる。そこには本人だけが知る底知れない物理学的世界があったはずだ。批判主義哲学の立場にたつ小笠原は徹底的に自我を追求して生きたが、それは驚くほどの無私に至る道であった。科学者・小笠原博士は、「死すれば茶毘《だび》一片の煙」「死とともに一切空」と語る。『氷晶』には、白隠禅師の「悟」である「竹葉掃堦塵不動　月穿潭底水無痕」（竹葉堦《かい》を掃って塵動かず、月潭底《たんてい》を穿《うが》ちて水に痕《あと》なし）という言葉が、さりげなく書かれている。氏の心眼は、月を映した水のごとく澄んで純一であったと、この詩から解釈される。

おわりに

小笠原博士が生きた一八九九年からの約八〇年間は、二度の世界大戦をはじめ戦後の復興から高度経済成長時代に至る激動の時代であり、氏の人生も歴史のとおり波乱万丈であった。

小笠原は管理職となって人を支配する立場になることを避け、人に干渉されることもなく、全く自由な研究に力を注いだ。青年期にはトマス・グリーンの自我実現説に出会い、氏にとって「人生をいかに生きるべきか」の方向性が示された。それは「人間天賦の個性を、充分に発揮するところに、生の目的がある」とする倫理観である。氏は孔子の儒教より、老荘の教義を基本として、世に誉を求めず、ただ研究一筋の好放題の人生を過ごしたと言える。

台北帝大に教師として招かれたのは、氏の修めた科学方法論が、時代の要請を受けていたからである。氏の科学方法論の講義は人気があり、他の教授も聴講したほどであった。しかし、学校から気象学の講義を要請された時には、氏はよほど途方にくれたようである。それから氏の専門が気象学へと移っていった。しばらくすると生物系の学生を納得させるには生物学の知識が必要であることに気づき、死にものぐるいの勉強が始められた。台湾時代における小笠原の気象・気候の研究は南方地域の気象学の確立に非常に貢献したと言える。

敗戦によって帰郷してから、氏は農業指導や北アルプスの自然を研究し、気象や地学の分野で成果を上げた。晩年には「生命の科学論」を構想するに至った。一方で、ディルタイの詩学の立場から日本民族の風土を考察した。

小笠原が病に倒れなかったならば、次のような研究が深められたはずである。

①カントの批判主義的立場に立ち、山と水の自然の研究が深められ、古気候学として「生命の科学論」が追及された。

②北緯六〇度で想定されるビヤルクネス学派の大気理論を、北緯三五度の日本に適応するために理論的な根拠づけをする。

③ウルム最盛期から約二万年にわたる気候変動を大気大還流の機構から検討する。それにより過去六〇〇〇年の中東文化やマヤ文化の謎の部分が解決されるだろう。

④結局、科学も文学も「人間の世界自覚」であり、それまで体験した科学と宗教等を総合的に考察する。

小笠原博士の人生観は、科学も文学も「人間の世界自覚」としてとらえる立場であるが、それまで体験した科学と宗教等を総合化するところに氏の際立つ個性がある。それは「人生如何に生きるべきか」という問いがそのまま学問に育った、近世の中江藤樹の「論語」、契沖の「万葉」、本居宣長の「古事記」等の血脈をなす「道の学問」に通底するものであり、氏が示した意味での、「私」のあり方を問うことにほかならない。

本論を取りまとめるに当たり、多くの方々のご協力を得ました。

小笠原家にはご無沙汰しておりますが、小笠原博士に関する資料のご提供など大変お世話になりました。また小笠原が顧問をされたアジア航測においては、黒部立山研修等を通じて氏と時代を友にした経営者及び技術者の方々には大変お世話になり感謝申し上げます。小笠原が指導した調査研修は利益に直結するものではありませんが、会社はそれを長年実施したことは、企業の研究開発の在り方として特記されます。斉藤敬三博士は小笠原博士の片腕となり数多くの地質学的成果をあげ、最近もワインと地質の関係を追及しておりましたが、令和二年にお亡くなりになり深く哀悼の意をささげます。

小笠原博士が行った「肝属川の水文解析」は、㈱野村総合研究所のプロジェクトの一環として実施されましたが、そのプロジェクトを実施した故武田清氏、滝沢浩氏をはじめ調査スタッフの方々には大変お世話になりました。滝沢浩氏（高岡短期大学名誉教授）は、その後富山県で教職につき経済や環境面でご活躍されたことは、小笠原博士との縁を感じます。滝沢氏には本論取りまとめに当たり大変貴重な示唆をいただきました。

小笠原博士亡きあと、積雪・雪崩の研究については川田邦夫氏（富山大学名誉教授）により継承されております。川田氏とは小笠原の立山調査等でご一緒したことなど、よき思い出となっております。

郁朋社の方には出版に当たり種々ご支援いただきました。

これらの方々には資料等のご協力をたまわり心より感謝申し上げます。そして家内にお礼したいと思います。

関連経歴　小笠原和夫博士の関連年表

西暦	年号	年齢	小笠原和夫	年齢	石原純	年齢	田辺元
1881	明治14年				東京本郷に生まれる		
1885	明治18年			4			東京に生まれる
1899	明治32年		山形市山寺に生まれる	18	本郷中学校卒業	14	
1902	明治35年	3		21	第一高等学校卒業 東京帝国大学理論物理学科入学	17	
1903	明治36年	4		22	根岸短歌会『馬酔木』に短歌を投稿	18	
1904	明治37年	5				19	第一高等学校卒業
1906	明治39年	7		25	東京帝国大学理論物理学科卒業	21	
1908	明治41年	9		27	「アララギ」創刊、斉藤茂吉らと交流	23	東京帝国大学哲学科卒業
1909	明治42年	10		28	相対性理論の研究	24	
1911	明治44年	12		30	東北帝国大学開設、助教授となる	26	
1912	明治45年（大正元年）	13		31	海外留学へ（ドイツ等）	27	
1913	大正2年	14		32	イタリア、スイス、イギリス等	28	東北帝国大学理学部講師

1914	大正3年	15		33	パリで島崎藤村、河上肇らと交流 春に帰国し、東北帝大教授	29	
1915	大正4年	16	県立師範学校入学(全寮制)「日本外史」「十八史略」を読む	34	旅行の短歌を『アララギ』に掲載	30	『最近の自然科学』刊
1916	大正5年	17		35	理学博士	31	ポアンカレ『科学の価値』訳
1917	大正6年	18		36	アララギを通して原阿佐緒を知る	32	
1918	大正7年	19		37		33	『数理哲学研究』で文学博士
1919	大正8年	20	県立師範学校卒業し、軍隊生活6週間を体験、教師となる	38		34	京都帝国大学文学部助教授
1920	大正9年	21	東京高等工業学校入学(電気科)	39	9月島木赤彦と金華山に遊ぶ	35	
1921	大正10年	22		40	『相対性理論』刊 原阿佐緒との恋愛事件により8月より休職、房総の保田に阿佐緒と滞留 アインシュタインが11月~12月に来日、石原が通訳をして同行	36	『アララギ』に短歌を発表
1922	大正11年	23		41	『アインシュタインと相対性理論』刊 歌集『靉日(あいじつ)』刊	37	3月より翌年1月までヨーロッパ留学(ハイデッガー、フッサール等と交流)

1923	大正12年	24	東京高等工業学校卒業 東北帝国大学理学部入学	42	自由律短歌へ関心	38	
1924	大正13年	25	千葉県保田町で石原純の個人指導を受ける。	43	「アララギ」を脱会し、歌誌『日光』に阿佐緒と共に参加（北原白秋、前田夕暮らと交流）	39	欧州より帰国「『歌道小見』を読む」を寄稿
1925	大正14年	26	同上	44			『数理哲学研究』刊
1926	大正15年（昭和元年）	27	東北帝国大学理学部卒業（理論物理学） 京都帝国大学哲学科入学	45		41	弁証法の研究
1927	昭和2年	28	田辺、西田より弁証法等の哲学を学ぶ	46		42	文学部教授、「弁証法の論理」を発表
1928	昭和3年	29	同上	47	岩波書店の編集で東京に居住 阿佐緒は宮城へ帰郷。	43	弁証法の研究
1929	昭和4年	30	京都帝国大学哲学科卒業 10月に台北帝国大学助手（理農学部）	48	『自然科学概論』刊	44	「島木さんの芸術」
1930	昭和5年	31	学生に科学方法論、物理学を教えるが、学校の要請により気象学を教えるようになる。	49	原阿佐緒と別れる。	45	「西田先生の教えを仰ぐ」を発表
1931	昭和6年	32		50	『短歌創造』を創刊 雑誌『科学』の編集主任	46	「ヘーゲル哲学と絶対弁証法」を発表
1932	昭和7年	33	台北帝国大学助教授	51	岩波『科学』の編集	47	
1935	昭和10年	36		54		50	「種の論理と世界図式」を発表

1936	昭和11年	37		55	『立像』刊、新短歌論を掲載 『現代物理学』刊	51	
1939	昭和14年	40		58		54	『正法眼蔵の哲学私観』刊
1945	昭和20年	46	中華民国国立台湾大学客員教授、『南方気候論』刊 『気象学通論』刊	64	12月に交通事故で重傷	60	京都帝国大学退官 群馬県北軽井沢の大学村に居住
1946	昭和21年	47	6月、辞職して山形に帰郷 10月、山形県専門員（気象対策本部副本部長）	65		61	『懺悔道としての哲学』刊
1947	昭和22年	48	11月、山形県知事表彰（最上川の洪水防止対策）	66	1月19日に死去	62	『実存と愛と実践』
1948	昭和23年	49	『水稲肥培管理上の諸問題』			63	『キリスト教の弁証法』
1949	昭和24年	50	経済安定本部資源調査委員会専門委員			64	『哲学入門』
1950	昭和25年	51	『山形県の気候』			65	文化勲章受賞
1952	昭和27年	53	理学博士（山形県の雪の研究）			67	
1953	昭和28年	54	『山形県積雪総合調査報告書』			68	
1958	昭和33年	59				73	「メメント　モリ」を発表
1959	昭和34年	60	富山大学教授			74	『マラルメ覚書』
1960	昭和35年	61				75	「禅源私解」を発表
1961	昭和36年	62	温暖氷河（ハマグリ雪）の発見			76	
1962	昭和37年	63				77	4月29日に死去

1963	昭和38年	64	富山県知事表彰（農業気象対策）				
1965	昭和40年	66	富山大学退職 10月に芝浦工業大学教授				
1966	昭和41年	67	『黒部川』（共同調査報告書）				
1967	昭和42年	68	退官して芝浦工業大学客員教授になる。 「海岸防風林の基礎調査」 （秋田県の海岸24ＫＭ）				
1969	昭和44年	70	『北アルプスの自然』により秩父宮記念学術賞受賞				
1970	昭和45年	71	『教養物理学』刊 4月に工学研究所第一所長（水資源開発室兼務）、 5月にアジア航測㈱の顧問「神奈川県座間町の地下水調査」				
1971	昭和46年	72	黒部川（集中豪雨と山地崩壊の原因解析）				
1972	昭和47年	73	芝浦工業大学退職 『氷晶』を著す 「鹿児島県肝属川の水文解析」				
1974	昭和49年	75	明治神宮の植物調査（論文「環境と植生」）				
1978	昭和53年	78	『常願寺川水系立山学術調査報告』				
1979	昭和54年	79	5月29日病気により死去				

参考文献

第1章　近代物理学への道

小笠原和夫『教養物理学』古今書院（1972）
『田辺元』現代日本思想体系23　筑摩書房（1965）

第2章　南方気候論の世界

小笠原和夫『気象学通論』東都書籍（1945）
小笠原和夫『南方気候論』三省堂（1945）
小笠原和夫『南方気象予報資料』（1945）
小笠原和夫・桜井信一『気象学通論』いずみ出版（1969）
『帝国日本の科学思想史』勁草書房（2018）
伊藤潔『台湾』中央新書（1993）
吉田裕『アジア・太平洋戦争』岩波文庫（2007）

第3章　郷里の山形で農業指導

小笠原和夫共著『肥培管理上の諸問題』東北振興科学技術連盟（1948）

増田寛也編著『地方消滅』中央新書（２０１４）
『我が国の職と農林漁業の再生のための基本方針・行動計画』農林水産省（２０１１）

第４章　北アルプスの自然

富山大学調査団『北アルプスの自然』（１９６４）
富山大学調査団『黒部川』内外印刷（１９６６）
小笠原和夫『山と水の自然』古今書院（１９６９）
小笠原和夫・斉藤敬三『黒部川』（地理第16巻、第6号）古今書院（１９７１）
吉村昭『高熱隧道』新潮社（１９７５）
川田邦夫『Letter NO.40：黒部峡谷の雪崩観測35年』（社）日本雪氷学会（２００８）

第５章　水資源と防災の追及

『常願寺川水系立山学術報告書』アジア航測㈱（１９７８）
芝浦工業大学工学研究所報告１９７０　第１号『神奈川県座間町の地下水』
芝浦工業大学工学研究所報告１９７０　第２号『１９６９年8月の黒部川洪水』
芝浦工業大学工学研究所報告１９７１　第３～４号『集中豪雨の原因追及他』
芝浦工業大学工学研究所報告１９７２　第５～６号『房総豪雨災害の総合報告』
芝浦工業大学工学研究所報告１９７２　第８号『肝属川の水門気象解析』

芝浦工業大学工学研究所報告1974　第11～12号『日本アルプス氷期の気候』
長澤義嗣『気象予報と防災』中央新書（2018）

第6章『氷晶』の世界～日本民族の風土的考察～

小笠原和夫『氷晶』古今書院（1972）
梅原猛『水底の歌』新潮社（1975）
斎藤茂吉『万葉秀歌』岩波新書（1978）
塚本邦雄『茂吉秀歌』文芸春秋（1987）
和辻哲郎『風土』岩波文庫（1979）
近藤侃一『シベリアスパイ日記』中央書院（1974）

第7章　小笠原の世界観

川田熊太郎・山崎正一・原佑『西洋哲学史』東京大学出版会（1958）
『丘浅次郎集』筑摩書房（1974）
田辺元『田辺元全集2巻（最近の自然科学、科学概論)』筑摩書房（1963）
湊正雄・井尻正二『日本列島』岩波新書（1966）
エトムント・フッサール『イデーン』みすず書房（1984）
ヘーゲル『歴史哲学』岩波文庫（1971）

カント『純粋理性批判』岩波文庫（1961）
カント『実践理性批判』岩波文庫（1984）
カント『プロレゴメナ』岩波文庫（1977）
カント『永遠平和のために』岩波文庫（1985）
フリードリヒ・エンゲルス『自然弁証法』大月書店（1974）
ヘルマン・ワイル『数学と自然科学の哲学』岩波書店（1959）
務台理作『哲学十話』講談社（1976）
中沢新一『フィロソフィア・ヤポニカ』集英社（2001）
西田幾多郎『西田幾多郎哲学論集：論理と生命』岩波文庫（2009）
ディルタイ『哲学の本質』岩波文庫（2010）
鎌田浩毅『地球の歴史』中央新書（2016）
山岸明彦・高井研『対論！　生命誕生の謎』集英社インターナショナル（2019）
『世界哲学史8』ちくま新書（2020）

第8章　詩歌の世界

芭蕉『おくのほそ道』岩波文庫（1987）
中村草田男『俳句入門』みすず書房（1959）
『短歌文学全集（石原純篇）』第一書房（1937）

『斎藤茂吉歌集』岩波文庫（1958）
『若山牧水歌集』旺文社（1968）
中西進『万葉集』講談社（1078）
『赤彦全集』岩波文庫（1970）
『日本の詩歌』中央公論社（1975）
藤井一二『大伴家持』（2017）中公新書

第9章　信仰遍歴

田辺元『正法眼蔵の哲学私観（田辺元全集）』筑摩書房（1939）
鈴木大拙『無心ということ』角川学芸出版（2021）
鈴木大拙『大拙つれづれ草』読売新聞社（1966）
『道元（日本思想体系）』岩波書店（1970）
波多野精一『基督教の起源』岩波文庫（1979）
親鸞『教行信証』岩波文庫（1957）
島田裕巳『奇跡の日本仏教』詩想社（2014）

【著者紹介】

成田　茂（なりた　しげる）
1944年新潟県生まれ。新潟大学農学部。
68年にアジア航測株式会社に入り環境調査に従事。
2002年に（社）日本環境アセスメント協会に勤務して10年に退職し、
長野県に在住。
著書に共著『空から読む環境と安全』（日本写真測量学会編）
　　　共訳『環境経済から見たモンゴルと中央アジア』(㈱かんぽう)

氷晶《ひようしよう》の人《ひと》　――小笠原和夫《おがさわらかずお》――

2021年11月1日　第1刷発行

著　者 ― 成田《なりた》　茂《しげる》

発行者 ― 佐藤　聡

発行所 ― 株式会社 郁朋社《いくほうしや》

〒101-0061　東京都千代田区神田三崎町 2-20-4
電　話　03（3234）8923（代表）
ＦＡＸ　03（3234）3948
振　替　00160-5-100328

印刷·製本 ― 日本ハイコム株式会社

装　丁 ― 宮田　麻希

落丁、乱丁本はお取り替え致します。

郁朋社ホームページアドレス　http://www.ikuhousha.com
この本に関するご意見・ご感想をメールでお寄せいただく際は、
comment@ikuhousha.com　までお願い致します。

 ISBN978-4-87302-746-3 C0095